互助养老

刘妮娜　著

图书在版编目（CIP）数据

互助养老 / 刘妮娜著 . -- 北京：华龄出版社，2021.1

ISBN 978-7-5169-1822-7

I. ①互… II. ①刘… III. ①养老—社会服务—研究—中国 IV. ① D669.6

中国版本图书馆 CIP 数据核字（2021）第 003130 号

责任编辑 苏 辉　　**责任印制** 李未圻

书　名	互助养老	**作　者**	刘妮娜
出　版 发　行	华龄出版社 HUALING PRESS		
社　址	北京市东城区安定门外大街甲 57 号	**邮　编：**	100011
发　行	（010）58122255	**传　真：**	（010）84049572
承　印	北京建宏印刷有限公司		
版　次	2021 年 6 月第 1 版	**印　次**	2022 年 5 月第 2 次印刷
规　格	787mm × 1092mm	**开　本**	1/16
印　张	10.75	**字　数**	160 千字
书　号	ISBN 978-7-5169-1822-7		
定　价：	68.00 元		

版权所有　侵权必究

本书如有破损、缺页、装订错误，请与本社联系调换。

序

互助养老是中国传统社会邻里守望文化、宗族非正式组织、非正式养老保障的一部分，也是中国进入现代社会，发展社会养老的一个崭新议题，是需要与新时代积极应对中国人口老龄化的现实国情变化一起重新探讨的。

2022 年，中国 65 岁及以上老年人口在总人口中所占比例将超过 14%，正式进入老龄社会。在 2022 年之后，中国人口老龄化进程会大幅加快，预计到 2025 年，中国的老年人口数量将超过 3 亿人。与此同时，中国人口老龄化结构呈现两个突出特征：一是农村人口老龄化形势的严峻程度远高于城市。根据预测，尤其在 2020—2035 年间，中国农村 60 岁及以上老年人口在农村总人口中所占比例将从 2020 年的 22.3% 增加到 2035 年的 37.7%，与城镇这一比例之间的差距从 2020 年的 7.7 个百分点，增加到 2035 年的 13.0 个百分点。二是一大批不同于“50 后”“40 后”“30 后”的新一代“60 后”老年人将进入老年期。这批老年人有较强的养老储备、较高的消费意识，普遍具有较强的运用科技与信息化的能力，讲究生活品质，也有过上高品质养老生活的期待。

互助养老的集体组织属性、低成本服务保障属性以及推动老年人安全消费、有序参与社会的特点恰与这两个突出特征相适应。一方面，农村养老是老龄工作的难点和薄弱环节，人口老龄化程度高，在地理条件、经济条件等方面都不占优势，市场化的养老服务很难开展，但农村也有自己的特色，传统孝亲敬老文化、邻里守望相助精神、老年非正式互助自古有之。在这种情况下，发展组织化、规范化的包括长期照护在内的正式互助养老服务保障非常必要并且可行。另一方面，城市老年人居住相对集中、收入高、需求多样，但也面临市场服务鱼龙混杂、生活消费风险高、邻里可信任度不足等问题，需要一个安全的平台投资、消费、娱乐、学习，需要邻里伙伴之间的陪伴、情谊与温暖，需要“搭把手、常看看”这样的日常社会照顾和保护，这同样是互助养老的另一个发展方向——低成本、基础性、有组织、多样化。

面向新时代的老龄中国，制度优势是我们的最大优势。在党的统一领导下，发挥社会主义制度优越性，能全国一盘棋，凝聚共识，形成合力。虽然互助养老现在仍处于发展初期，但通过学界理论研究、政府政策推动、社会市场通力发展，就会有大的发展空间，这也是积极应对人口老龄化中国智慧、中国模式和中国方案的重要组成部分。

与此同时，中国老龄工作的另一个特殊优势在于全国从上到下，各级党委政府都成立了老龄工作委员会，各涉老部门都明确了自己的责任，不论是在城市还是农村，都能做到老年人的事都有人管，老年人的困难都有人帮。除了政府组织外，还有大量的老年社会组织，他们为政府分忧、为老年人解愁，发挥了独特作用。尤其是目前全国有55万个基层老年协会，覆盖了80%以上的城乡社区，他们自我管理、自我教育、自我服务，在开展老年人思想教育、维护老年人权益、组织老年文化体育活动、帮助高龄失能有病困难老年人等方面，做了大量工作，可以在新时代中国城乡互助养老体系建设中发挥巨大作用。

事实上，不少地区的基层老年协会已经在创新探索互助养老模式。比如上海的睦邻点和各地的互助养老，都是基层老年协会在具体组织。一些地区的老年协会探索通过各种方式自筹资金，如办置婚丧嫁娶用的桌椅板凳、锅碗瓢盆出租、负责村里的环境整治、鼓励老年人子女向协会捐款以让老年父母一起活动等。还有一些已经开展互助养老体系化建设的县市，专业社会组织、老年协会，一方赋能，一方聚人，一方服务，一方组织，互补所长、竞争合作、共同提高。

我从2017年开始关注互助养老，了解到华北电大大学刘妮娜老师在从事互助型社会养老研究，就一直跟她保持沟通和探讨，也通过委托课题的形式请她的团队帮助一起给互助养老破题，包括概念、模式、发展道路等方面。在此期间，她通过全国老龄办（中国老龄协会）联系，以及其他方式协调到中国城乡基层调研，很执着也很有干劲。随着国际、国内局势变化、中国老龄社会的到来，《中共中央关于制定国民经济和社会发展第十四个五年规划和二〇三五年远景目标的建议》也提出要实施积极应对人口老龄化国家战略，发展普惠型养老服务和互助性养老。这一项研究的意义日益凸显，我们对于互助养老的地位的思考也逐步清晰。但正如前面所说，互助养老是与新时代老龄社会国情同步的新课题，需要党和政府、学界、社会、企业等多方的认识转变、实践创新。

刘妮娜老师在前期大量扎实研究的基础上，撰写了《互助养老》这本书，有理论、有案例，文笔生动、可读性强，适合帮助大家初步认识和了解互助养老。

吴玉韶

2021 年 2 月 20 日

目 录

第一章 互助养老背景概述

人口老龄化是21世纪全球最重要的社会变革之一。面对老年人口比例不断提高的态势，政府无法包揽养老的一切责任，家庭也不是养老的唯一依靠，互助养老作为一种新的理念、思维方式、行为方式，一方面，可以给予老年人除了家庭、机构之外的多样化的养老方式；另一方面，亦是积极应对人口老龄化，缓解老龄服务短缺、老龄保障不足，创新老龄社会治理的重要方式。它对于互助双方的身心健康、查漏补缺式的帮助以及社会/社区建设所起到的作用，是正式化、专业化的服务提供不了的。其对于中国积极应对人口老龄化的意义亦是不同于西方国家的，同时可以为西方低成本养老服务供给提供中国方案和样板。

一、研究背景

中国的互助养老国情特点包括：一是中国人口老龄化进程与社会主义初级阶段的现实国情相伴，中国积极应对人口老龄化不能完全学习西方，走西方高福利国家道路；二是虽然中国人口老龄化程度不是最高，但速度很快，与其有关的经济和社会变化也会很快，这就亟须创新制度、政策和环境，以保障经济社会的可持续发展，同时促进老年人的健康与福祉；三是互助养老的关键在于互助组织，这对于中西方国家的意义不同，西方是辅助性的，中国是基础性的，这是由中西方国情差别——市场为本还是社会为本所决定的。

（一）国际人口老龄化背景

随着世界平均人口寿命的延长以及生育率的不断下降，人口老龄化浪潮席卷全球且老龄化程度不断加深。与全球人口老龄化相伴随的，是世界经济周期性低迷。以 2007 年美国次贷危机爆发引发国际金融危机为起点，全球经济增速开始持续放缓，特别是受 2019 年国际贸易摩擦以及 2020 年新冠肺炎疫情影响，全球经济跌至十年来最低水平。而经济增速的持续放缓以及人口老龄化程度的加深将使各国的养老财政负担不断加重。

1. 全球人口老龄化程度不断加深

人口老龄化是指随着人口生育率降低以及人均寿命延长所导致的老年人口占总人口比例相应增长的动态过程。按照国际通行标准，当一个国家或地区 65 岁及以上老年人口占人口总数的 7%（或 60 岁及以上老年人口占人口总数的 10%），即意味着该国或地区处于“老龄化社会”；65 岁及以上老年人口占人口总数的 14%，为“老龄社会”；65 岁及以上老年人口占比超过 21%（或 60 岁及以上老年人口占比超过 25%），为“超老龄社会”。按此标准，早在 1850 年，法国 60 岁及以上老年人口已占总人口的 10%，成为了世界上第一个步入老龄化社会的国家。此后，瑞典（1882 年）、英国（1925 年）、德国（1930 年）、美国（1940 年）等西方发达国家相继步入老龄化社会。到 20 世纪 60 年代，几乎所有的西方发达国家都进入了老龄化社会。进入 21 世纪以后，人口老龄化浪潮席卷全球且老龄化程度不断加深。

一方面，老龄化国家由欧洲向全球扩散。如表 1—1 所示，自法国首先进入老龄化社会之后，全球老龄化国家数量越来越多，1950 年 65 岁及以上老年人口比重超过 10% 的只有 9 个欧洲国家，预计到 2025 年，65 岁及以上老年人口比重超过 10% 的将会有 64 个国家，到 2050 年，将会有 105 个国家，到 2100 年，预计将有 198 个国家 65 岁及以上老年人口占总人口比重超过 10%。另一方面，全球老龄化程度不断加深。日本于 1970 年进入老龄化社会，1994 年进入了老龄社会，2007 年 65 岁及以上老年人口占比首次超过 21%（老龄化率为 21.5%），成为了世界上第一个步入超老龄社会的国家。随后，意大利（2012 年）、德国（2015 年）、葡萄牙（2016 年）、芬兰（2017 年）、保加利亚（2017 年）、克罗地亚（2017 年）、希腊（2017 年）也陆续步入了超老龄社会。预计到 2020 年，全球进入超老龄社会的国家将有可能达到 13 个，到 2030 年，将达到 34 个，到 2050 年，全球将有 60 多个国家进入超老龄社会。

表 1–1　全球人口老龄化扩散趋势（65 岁及以上老年人口占比）

单位：%

1950 年（9 国）	占比	2000 年（41 国）	占比	2025 年（64 国）	占比	2050 年（105 国）	占比	2100 年（198 国）	占比
法国	11.4	意大利	18.1	日本	28.9	西班牙	37.6	新加坡	40.1
拉脱维亚	11.2	希腊	17.6	瑞士	27.1	日本	36.4	中国香港	37.0
比利时	11.1	瑞典	17.4	意大利	25.7	意大利	35.9	韩国	37.0
英国	10.7	日本	17.2	瑞典	25.4	斯洛文尼亚	34.8	古巴	36.5
爱尔兰	10.7	比利时	17.0	芬兰	25.2	希腊	34.1	日本	35.7
爱沙尼亚	10.6	西班牙	17.0	德国	24.6	奥地利	34.0	葡萄牙	35.4
奥地利	10.4	德国	16.4	斯洛文尼亚	24.3	捷克	32.7	黎巴嫩	35.2
瑞典	10.3	保加利亚	16.1	希腊	24.3	瑞士	31.9	马尔代夫	34.9
格鲁吉亚	10.1	瑞士	16.0	奥地利	24.3	德国	31.0	阿联酋	34.6
1975 年（26 国）	占比	法国	16.0	比利时	23.7	瑞典	30.4	马耳他	34.5
瑞典	15.1	美国	15.8	西班牙	23.6	比利时	30.1	马提尼克岛	34.3
奥地利	14.9	葡萄牙	15.6	捷克	23.1	葡萄牙	29.8	阿尔巴尼亚	34.3
德国	14.8	奥地利	15.6	丹麦	22.5	亚美尼亚	29.3	哥斯达黎加	34.3
英国	14.0	挪威	15.4	法国	22.2	中国香港	29.2	德国	34.2
比利时	13.9	丹麦	15.0	英国	21.9	波斯尼亚和黑塞哥维纳	29.2	卡塔尔	34.1
挪威	13.7	芬兰	14.9	荷兰	21.9	比利时	29.0	墨西哥	33.6
法国	13.5	拉脱维亚	14.8	挪威	21.8	匈牙利	29.0	西班牙	33.3
丹麦	13.4	匈牙利	14、6	新加坡	21.5	斯洛伐克	28.9	泰国	33.2
捷克	12.9	爱沙尼亚	14.4	匈牙利	21.3	立陶宛	28.8	智利	33.1
拉脱维亚	12.7	克罗地亚	14.1	葡萄牙	20.7	乌克兰	28.7	意大利	32.9

注：限于篇幅，仅列出了排名靠前的部分国家和地区。

数据来源：联合国世界人口展望（2013）

2. 世界经济增速持续放缓

与全球人口老龄化相伴随的，还有世界经济的周期性低迷。以 2007 年美国次贷危机爆发引发国际金融危机为起点，全球经济增速开始持续放缓。从图 1–1 可以看出，国际金融危机爆发后，世界经济增长一直动力不足。2000—2007 年，全球 GDP 平均增速约为 5.1%，而金融危机爆发后的 2009—2016 年全球经济增速下降至 3.5%，减少了 1.6 个百分点。虽然 2017 年世界 GDP 增长率有所上升，但上升幅度十分有限，并且 2018 年世界经济并没有延续 2017 年的增长趋势，除美国等少数经济体增速继续上升之外，其他大部分经济体经济增速出现回落[1]。后又受国际贸易摩擦以及地缘政治局势等因素影响，2019 年全球经济增长率降至 2.3%，为十年来最低水平，全球经济正在陷入“低增长、低通胀、低利率”的困局。

2020 年受新冠肺炎疫情影响，全球经济都进入停滞阶段。2020 年 6 月 10 日，世界银行发布第六期《全球经济展望》，报告中称，受新冠肺炎疫情冲击，预计 2020 年全球经济将下滑 5.2%，这将是“二战”以来最严重的经济衰退。报告认为，由于新冠肺炎疫情的冲击及其防控措施带来的经济“停摆”，全球经济将在 2020 年陷入严重收缩，预计人均收入降低 3.6%。并预计，2020 年发达经济体经济将收缩 7%。其中，美国、欧元区和日本经济将分别萎缩 6.1%、9.1% 和 6.1%，新兴市场和发展中经济体经济将下滑 2.5%。

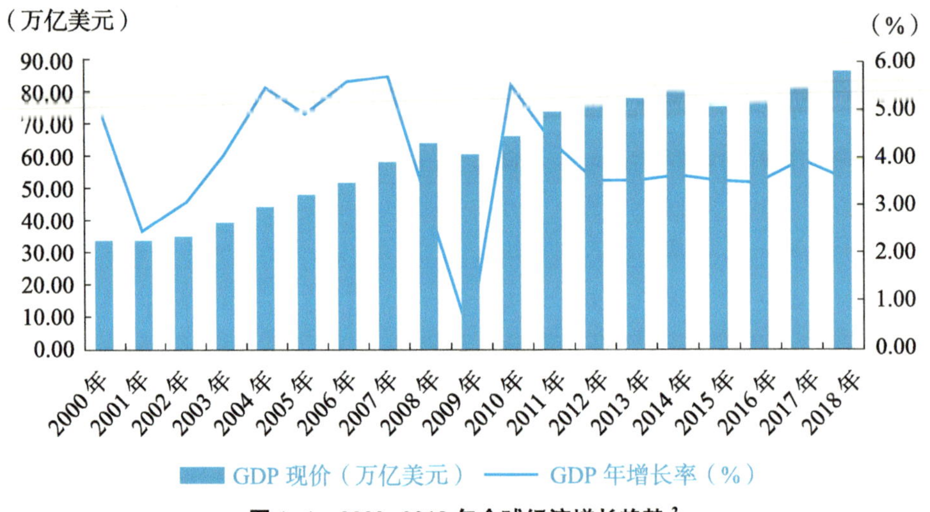

图 1–1 2000—2018 年全球经济增长趋势[2]

3. 各国养老负担不断加重

西方发达国家居民普遍具有提前消费的思想，储蓄率一直保持较低水平。然而随着时间的推移，当社会中越来越多低储蓄的人群迈入老年，将影响整个社会的消费能力，进而影响国家的经济发展。从政府角度来看，

1 张宇燕 . 世界经济黄皮书：世界经济形势分析与预测（2019）[M]. 北京：社会科学文献出版社，2018.

2 裴长洪，刘斌 . 中国经济应对当前全球两大挑战的韧性、潜力与长期趋势 [J]. 经济纵横，2020(5)：1-19.

人口老龄化意味着国家财政要为体弱的老年人支付更多的养老金、健康保健、护理费用。2013 年，希腊养老金开支已经达到 17.7%；2014 年，欧盟平均养老金支出占到了 GDP 的 13%；2016 年，巴西养老金开支也超过了 GDP 的 10%。根据美国国际战略和研究中心预测，到 2030 年，发达国家为维持现行慷慨的公共老年福利制度的费用，将平均占用其国内生产总值的 7%，这已经接近其财政和经济承受能力的极限。在欧洲的一些发达国家，政府不得不动用每年的财政预算弥补养老金赤字。根据欧洲委员会 2005 年的预测，公共养老金制度财务的可持续性与人口老龄化程度具有高度联系，其中一项经验性的结论是，预期寿命每提高一岁，公共养老金支出占 GDP 的比例上升 0.5%。如果不考虑其他因素（提高退休年龄、降低待遇标准等），人口老龄化对公共养老金乃至公共财政的影响在一些国家将是灾难性的。例如在斯洛伐克，如果现有养老金制度保持不变，人口老龄化将导致该国 2005 年到 2050 年的养老金总支出占 GDP 比例增加 122%，即该国当年总产出还不够用于公共养老金支出的增加额，类似的情况还有西班牙、爱尔兰、捷克和波兰。

（二）国内人口老龄化背景

中国虽然自改革开放以来经历了 40 余年的经济中高速增长，但其现实国情仍然是社会主义初级阶段，虽然经济体量大，但人均 GDP 在世界上并不占优势。伴随 2022 年以后，20 世纪 60 年代生育高峰时期出生人口进入老年，中国将进入急速人口老龄化和深度人口老龄化阶段，一方面，中国需要保证经济社会稳定发展；另一方面，也要探索具有中国特色的积极应对人口老龄化、提高老年人福祉的道路。

1. 中国将进入急速人口老龄化阶段

如图 1—2 和图 1—3 所示，我国自 1999 年末以来，人口老龄化即进入快速发展阶段。按照《国家应对人口老龄化研究战略总报告》，自 1999 年以来的人口老龄化进程分为四个阶段：

快速人口老龄化阶段（1999—2022 年）。老年人口数量从 1.31 亿人增至 2.68 亿人，人口老龄化水平从 10.3% 升至 18.5%。此阶段的典型特征是底部老龄化显著，少儿人口数量和比重不断减少，劳动力资源供给充分，是我国社会总抚养比相对较低的时期，有利于我国做好应对人口老龄化的各项战略准备。

急速人口老龄化阶段（2022—2036 年）。老年人口数量从 2.68 亿人增至 4.23 亿人，人口老龄化水平从 18.5% 升至 29.1%。此阶段的总人口规模达到峰值并转入负增长，老年人口规模增长最快，老龄问题集中爆发，是我国应对人口老龄化最艰难的阶段。

深度人口老龄化阶段（2036—2053 年）。老年人口数量从 4.23 亿人增至 4.87 亿人的峰值，人口老龄化水平从 29.1% 升至 34.8%。此阶段总人口负增长加速，高龄化趋势显著，社会抚养负担持续加重并达到最大值（102%），我国将成为世界上人口老龄化形势最为严峻的国家。

重度人口老龄化平台阶段（2053—2100 年）。老年人口增长期结束，由 4.87 亿人减少到 3.83 亿人，人口老龄化水平始终稳定在 1/3 上下。这一阶段，少儿人口、劳动年龄人口和老年人口规模共同减少，各自比例相对稳定，老龄化高位运行，社会抚养比稳定在 90% 以上，形成一个稳态的重度人口老龄化平台期。

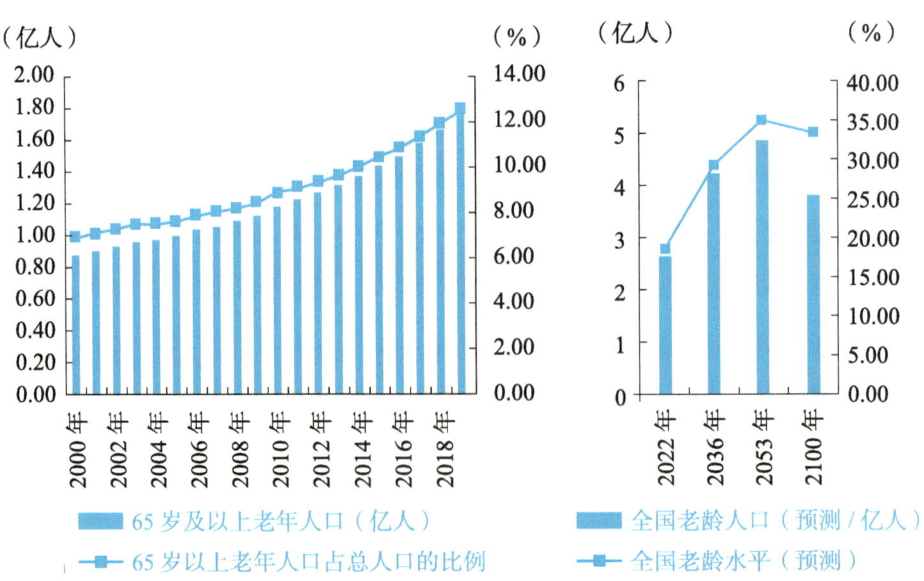

图 1–2　2000—2019 年人口老龄化情况

数据来源：国家统计局

图 1–3　全国老龄人口预测模型

2. 中国经济进入高质量发展阶段

改革开放以来，中国创造了世所罕见的经济快速发展奇迹和社会长期稳定奇迹。但是面对世界金融危机、新冠肺炎疫情以及中美贸易摩擦，中国作为世界第二大经济体和制造业大国，经济增长亦面临巨大下行压力。一方面，美国次贷危机引发的全球性经济危机对中国经济发展产生了巨大冲击。2008 年中国 GDP 增速出现大幅度下滑，如图 1–4 所示，一年之内 GDP 增速下滑 4.5%，2009 年更是降至近十年的最低点 8.3%，这一状况在 2010 年才得到了明显改善。但即便如此，也并未改变经济长周期下行趋势。另一方面，中国经济发展面临瓶颈，政府推动经济转型升级。首先，中国经济经历了几十年的高速增长，面临着环境污染、产能过剩、贫富悬殊、人口红利即将消失等一系列社会、经济问题，这些问题都制约着中国经济的可持续发展。其次，为了解决过去粗放式经济发展带来的问题，中国开始主动放缓经济增速，改变以往以牺牲环境为代价换来的经济高速增长模式，促进发展方式从规模速度型向质量效率型转变。此外，2019 年中美贸易摩擦和 2020 年新冠肺炎疫情也对中国经济产生了不小冲击，根据国家统计局 2020 年 4 月公布的数据，2020 年第一季度国内生产总值为 20.6 万亿元，按可比价格计算，同比下降 6.8%。即使疫情结束后经济增速可能会有所回升，但受世界经济下行、人口老龄化以及国内经济转型升级等因素的影响，中国未来的经济可能将保持在中低速增长状态。

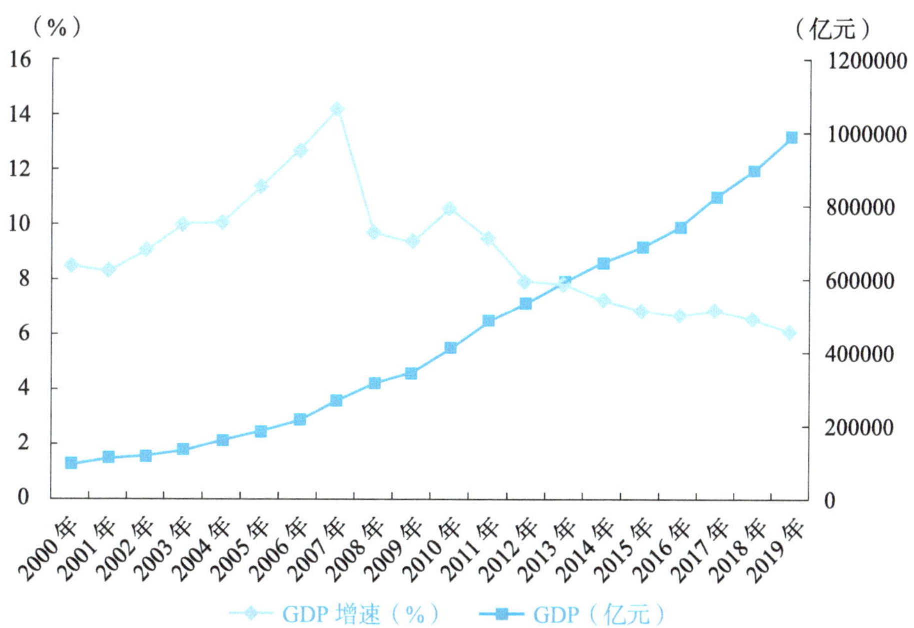

图 1–4　2000—2019 年中国国内生产总值与国内生产总值增速

3. 中国无法走西方高福利保障道路

虽然改革开放以来，我国经济高速增长，经济总量已经跃居世界第二位，但是人均 GDP 仍然不高，仍然处于发展中国家之列。对比世界人口老龄化严重的西方发达国家，可以发现，中国的人口急速老龄化是与经济发展水平相对不高相伴随的[1]，即我们通常所说的“未富先老”。而在经历高增长和国家保障水平连年提高的情况下，人口急速老龄化、经济下行都会对我国的政府公共开支产生影响。如图 1—5 所示，2010 年至 2019 年，我国公共财政开支持续增加，2019 年的财政总支出约为 2010 年的 2.6 倍。与此同时，虽然与西方国家相比，中国始终保持着较高的居民储蓄率［根据国际货币基金组织（IMF）的统计数据，2017 年中国居民储蓄率为 47%，远高于世界平均水平（26.5%）、发达经济体平均水平（22.8%）以及新兴市场和发展中经济体平均水平（32.2%）］，但是比起消费，人们更愿意将钱存起来以备不时之需，或者留给子女。特别是进入老年之后，老人经济来源减少，

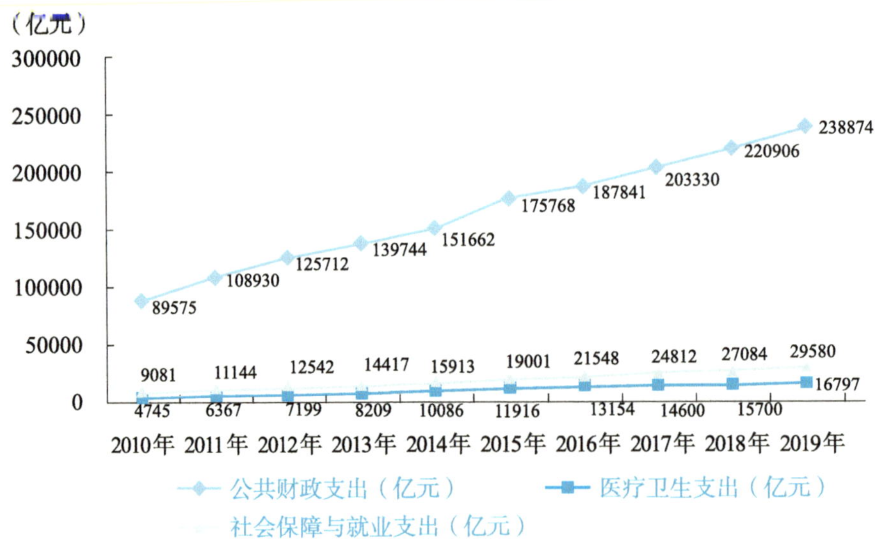

图 1—5　2010—2019 年中国公共财政开支

1　根据世界银行数据显示，中国 2017 年人均 GDP 为 8827.0（现价美元），仅超过保加利亚，与其他超老龄国家相比差距较大。根据 WPP 的预测，2030 年我国 60 岁及以上老年人口预计为 3.58 亿人，60 岁及以上老年人口比例预计为 25.3%，进入超老龄社会。根据经济合作与发展组织（简称为 OECD，以下均称 OECD）的预测，中国大陆 2030 年的预期 GDP 为 263072.5 亿美元；WPP2015 数据显示，中国 2030 年人口预计为 1463798000 人。据此估算，2030 年中国预计人均 GDP 为 17971.9 美元（现价美元），接近于希腊和葡萄牙进入超老龄社会的人均 GDP 水平，再其次接近的就是意大利。

在满足基本生活需求之后，并不愿意花钱。这将同样影响中国的投资与消费。因此，一方面，中国无法走西方发达国家高福利保障道路（事实上，西方从高福利保障到福利削减改革导致福利体系碎片化亦存在很多问题），另一方面，中国需要积极应对人口老龄化，让老年人获得服务、保障和参与，推动老年人的参与与消费同步进行。

（三）中西方互助养老的实践发展

人口老龄化和高龄化是21世纪的全球性问题，但即便是目前人口老龄化程度最高的国家，除德国于1972年、日本于1988年65岁及以上老年人口比重就已经突破14%，进入深度老龄化社会，其他国家均在20世纪90年代以后进入，故社会化养老服务供给也在不断修正探索中，正式化的互助养老模式即是由西方率先进行的探索[1]。中国虽然对正式互助养老的模式探索相对较晚，但中国特色互助养老却是符合中国社会主义初级阶段的现实国情，也符合中国社会主义国家的组织化优势，具有可行性与必要性。如果能有清晰的顶层设计，在理论突破的基础上进行实践探索，可以在未来30年构建起从老年人需求和中国实际出发的中国模式，既积极有效应对人口老龄化，也获得推动社会治理现代化的外溢效果。

1. 西方互助养老的实践发展

20世纪初以来，发达国家对互助养老进行了多种形式的探索，主要包括时间银行计划、互助养老社区以及医疗护理中的同辈支持等。

时间银行计划普遍兴起于美国、日本，比如美国的elder plan计划，日本的NALC自愿义工组织等，欧美、日本、新西兰、中国台湾、阿根廷、以色列等国家和地区的时间银行也有较好的发展。由于这项计划在小范围内进行，所依据的价值基础包括互助、信任、互惠和平等，并且会依托现有社区组织，如医院、学校、教堂或者社会服务机构等，帮助社区弱势群体，即使没有服务互换，政府也可以给予资金支持，因此被认为更有可能得到持续发展。根据这种互助互惠形式以及养老社区理念，一些居民自治的

1　笔者在其他研究中一般使用“互助型社会养老”这一概念，以体现其是社会养老的一种类型。本文虽是使用“互助养老”一词，但其内涵与意义亦与“互助型社会养老”一致。

互助养老社区 / 村庄同样在欧美国家发展起来。这些互助养老社区面向的是中低收入者，其中很多是丧偶或无子女老人，相互间的服务包括提供照料、支持、社区服务、娱乐活动、创意生活等。

从医护领域的同辈支持来看，伴随人口预期寿命增加、老年人带残存活年限的增长，以及医疗照护向疾病治疗、健康促进和疾病预防转变，照护责任更多转移到社区。同辈支持与时间银行等互助养老计划在目的和行动上已经有所趋同，很多都是交叉和重合进行，尤其共通的是近年来国际社会大力提倡构建积极老龄化社会和年龄友好型环境，老年人不应该作为社会负担，而应该通过互惠互助网络，创造条件让老年人参与社会，提供服务，同时让他们获得身心上的满足与成长。

2. 中国互助养老的实践发展

中国自古就有乡土社会守望互助的传统，在 21 世纪以前互助养老也主要存在于民间非正式的宗族邻里互助之中。进入 21 世纪以后，各地社区实际上在自发探索组织互助养老，但多为志愿服务的形式，互助并没有受到足够重视。直到 2012 年颁布的《中华人民共和国老年人权益保障法》中明确提出要“倡导老年人互助服务”，2018 年政府工作报告中进一步提出发展互助式养老。

尤其是在农村地区，2008 年河北省邯郸市肥乡县前屯村建立农村互助幸福院，农村互助养老引发了政府和社会普遍关注，此后在民政部及各地民政部门的推动下，各地先后开设了互助幸福院、幸福大院等试点。在这段时间里，国家重要政策文件均对农村互助养老进行部署，同时发生了从设施建设向服务开展的转变。如 2011 年国务院办公厅印发《社会养老服务体系建设规划（2011—2015 年）》、2013 年国务院办公厅印发《国务院关于加快发展养老服务业的若干意见》、2016 年民政部、国家发展改革委发布《民政事业发展第十三个五年规划》，均提出要大力支持农村互助型养老服务设施（互助式养老服务中心）建设。而到 2017 年，国务院《“十三五”国家老龄事业发展和养老体系建设规划》则提出要大力发展农村互助养老服务，《关于加强农村留守老年人关爱服务工作的意见》提出要“充分发挥老年人组织、村民互助服务组织、社会工作服务机构作用”“鼓励低龄健康老年人为高龄、失能留守老年人提供力所能及的志愿服务，探索建立志愿服务互助循环机制”。

不少地区亦依托村“两委”、老年协会等已经存在的互助组织（有的在此基础上引入外来专业社会组织进行帮助），开展了就餐以及困难、留守、高龄、独居老年人巡视、生活照护等方面的互助服务，其中一些地区已经实现了县级统筹（整体管理和评估）。但也有不少建成的互助养老设施存在敷衍应对上级考核、设施及项目荒废等问题。

二、概念界定

李克强总理在2018年政府工作报告中，首次提出要发展互助式养老，这代表着在中国创新性地探索互助养老得到了政府的正式认可。互助养老的关键在于组织和服务，同时具有中国特色。但总结国内外现有文献，国内互助养老研究起步时间相对较晚，现有的部分研究延循发达国家目前的互助养老研究思路，部分研究则仅是对国内城乡互助养老的实践总结，缺乏对中国传统互助社会和互助文化的系统研究，也存在互助组织、互助服务发展的中西方错位对标，对互助养老概念、定位、发展过程、类型划分等的理论认识和实践探讨均存在不清晰、不全面的问题。

（一）互助养老的研究分歧

西方的互助养老是在互助理念指导下，依托一定的互助组织来开展养老活动，在西方的养老体系中起到辅助性的作用。这一互助理念是在工业社会中，基于个人主义思想，在法律契约和宗教思想指导下形成的利他思想。西方国家的互助组织自十七、十八世纪广泛兴起，经历了互助组织自我管理、自我保障、自我服务到福利国家、福利体系建立后成为辅助性的角色这一过程。换言之，西方养老服务供给主要依靠国家和市场，而非互助组织，互助养老属于志愿服务部门，由志愿服务组织发起，处于辅助地位，是以推动社区建设和促进老年人参与社会为主要目的的养老方式[1]。

1 伴随人口老龄化和高龄化，发达国家目前正面临高福利困境，削减福利、重新依靠互助团体、构建混合福利经济体是其正在探讨的、未来的改革方向。

中国并没有经历民间正式的互助保障阶段。中国传统的社会保障体系是一种农业文明下的非正式的互助保障网络，因血缘、地缘、亲缘关系形成的互助共同体起到了家国一体、互惠互利、社会救助等政治、经济、社会、文化合一的功能。故中国传统的互助养老是一种非正式的、个人邻里或非正式组织之间基于养老需求开展的具有互助属性的情感慰问、生活帮助等。自新中国成立以来，由国家主导建立起了包括社会救助、社会保险、社会福利在内的社会保障体系。但总体来讲，这一体系是以现金支付为主要手段的。而中国作为社会主义国家，伴随全面建成小康社会，同时快速进入老龄社会和超老龄社会，未来需要进一步构建的是以服务供给为主的服务型老龄社会，满足人们日益增长的对美好生活需要，提高生活质量，获得精神愉悦。同时由于历史、国体、政体、发展阶段的差异，这一体系的构建只能是中国自我探索的，具有中国特色的，不能照搬西方模式走发达国家高福利保障（福利国家）道路。目前中国仍然处于社会主义初级阶段，未富先老成为普遍现象，政府和大多数老年人没有足够的经济实力提供或购买专业化的养老服务。因此，这种立足于中国特色的自上而下与自下而上相结合的互助组织，充分利用各类闲置人力资源或人力资源的闲置时间，融合情谊、合作、志愿、公益等理念，是一种成本节约的社会养老方式，处于基础地位，值得深入探索。

但事实上，当前，我国对于如何发展互助养老仍然存在不同的意见。首先是关于互助养老在养老体系中的地位认识不清。主要存在社会养老实现方式和独立于家庭养老和社会养老之外的全新模式或过渡模式两种认识。很多研究者认同全新模式或过渡模式的说法。但是，作为两种重要的养老方式，家庭养老和社会养老的划分依据是养老资源的提供者。而互助养老的资源来源于社会，因此它也是社会养老的中国化的实现方式，过渡模式的说法不够准确。而互助养老的过渡体现在“互助”形式的过渡，是从非正式互助向组织化、经营化的过渡。受中国不同地区的地情影响，这些互助形式没有好坏之分，应当是同时存在、多样化的。

其次，国内互助养老存在城乡模式之争，城市借鉴国外经验，将其作为积极老龄化和志愿服务部门的行动，农村研究扎根互助养老创新实践，认为这是完全独立创新出来的一种模式。我们认为城乡互助养老发展模式、策略存在差别，但在发展战略上是一致的。之所以在农村率先发展起来，是因为农村老年人养老需求迫切、人力资源和财力资源匮乏，同时自古以来的农村非正式互助圈和乡村自治优势为互助服务开展提供了便利。另外国内互助养老往往忽视互助本质上的经济属性。民间的互助组织更多是作为非营利组织而存在，高度依靠政府的拨款，再发展往往为资金能力所限制。事实上，一方面，经济互助是互助的基础。中国未富先老的现实国情决定了绝大部分地区，尤其是农村的国家保障只能起兜底作用，互助养老要发展起来必须依靠创造性的经济互助的带动。另一方面，互助服务不同于无偿的志愿服务，或者非正式互助圈里的互助交换，它既可以是市场或货币化的，也可以是非市场或非货币化的。

总体而言，互助养老在中国的发展处于起步阶段，学者和实践者对于互助养老到底是什么，应该怎样在现实中运作都存在不同的看法，在探索中也出现了一些照搬西方模式的“本本主义”错误。我们认为，互助养老对于中国这样一个处于社会主义初级阶段的人口大国意义重大，是有序管理、服务老年人的重要路径和方式。我国可以通过有序发动和依靠民间力量，通过互助创新党委领导的国家、社会、企业的合作，建设、成立互助组织、互助小组，发展低成本的社会养老服务，激发整个社会互助共济、共面困难的凝聚力和向心力，构建具有中国特色的合作型福利社会。一方面可以依靠举国体制优势，充分利用好党委领导下的村居自治组织和群团组织，另一方面，也应培育草根性互助组织、专业社会组织、社会企业和合作社。

（二）互助养老的概念界定

目前国内对互助养老的概念界定，多数观点是将其作为与家庭养老、社会养老并列的模式，或是一种辅助性的养老全新模式或过渡模式。如韩振秋（2013）认为互助养老是介于社会化养老和传统家庭养老之间的一种新型的养老模式，熊茜、李超（2014）提出互助养老是社会养老的补充，杨静慧（2016）指出我国无法一步到位地快速完成从家庭养老模式向社会养老模式的转型，互助养老是养老模式的“第三条道路”，方静文（2016）认为互助养老可以成为继家庭养老、社区养老、机构养老这三种主要养老模式之外的第四种新的养老模式，可以成为同社区养老及机构养老并行的辅助养老途径，陈静、江海霞（2013）认为互助养老是社会正式和非正式养老体系有机结合的重要模式，等等。主要原因在于将社会化养老等同于市场养老，同时主要从服务的角度界定互助养老和市场养老，忽视了社会养老的主体包括社会和市场，同时二者的区别不仅在于服务，更在于组织形式。互助在生活中是无处不在的，但要进行概念化的界定，就需要边界，而这一“边界”，正是中观层次的组织。

正如组织层面的互助与市场是一对概念一样，中国语境下的互助养老与市场养老也是一对概念，划分标准是组织方式和组织目的[1]。故本研究将互助养老界定为以互助为核心，融合志愿服务精神，充分发挥基层自治组织、群团组织等行政型互助组织的力量，推动成立草根型互助组织，利用亲朋邻里、志愿者等非正式互助网络，进行资金互助、服务互助和文化互助，并从组织化逐步走向经营化的低成本、非营利、基础性、多样化的社会养老服务保障模式。

需要说明的是，第一，互助养老的发展过程首先是建立互助组织，其次是形成互助关系、互助小组、互助（志愿）服务队来提供互助志愿服务，最后是整合内外部资源、建立自我造血机制，让互助服务能够持续地运行下去。互助养老的主要判断标准是互助组织，但是村居（委员会）本身就是一种特殊的互助组织，因此以村委会为主开展的面向老年人的互助志愿服务也是互助养老。

第二，互助并非意味着非专业或免费，因组织和人员的水平、能力而存在很大的多样性。在组织发展初期、专业能力没有那么强的时候可以是免费的，这时候最重要的是把组织规范地建立起来。在组织发展到一定阶段，组织拥有专业的服务能力的时候，可以适当收取较少的费用，针对志愿者们除了精神激励之外也可以有一定的物质激励。

---

1 从家庭养老、社会养老的角度划分，它们都属于社会养老；在社会养老的划分中，居家养老、社区养老、机构养老是目前比较常见的划分方式，划分标准为老年人的居住场所——居住地；健康（康护保健）服务和养老（照顾类）服务是医养结合新趋势下提出的新的划分方式，划分标准为服务内容；这些与互助养老 VS 市场养老均不是一个划分维度，故并不相互冲突。

第三，市场养老和互助养老的类型都是多样的，都可以进行各类经营活动，互助组织可以由企业去运作，这一企业也可以去拓展各类商业性的营利服务，但互助养老部分是不以营利为目的的。

第四，互助养老产生的其他影响还在于：人们在互助过程中能增进人与人之间的信任，找到共同克服困难的精神归属和团结精神，推动社会和谐稳定发展。

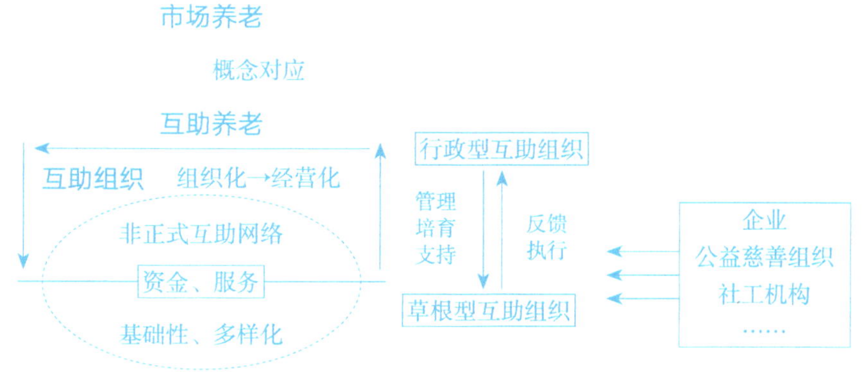

图 1–6　互助养老的概念示意图

（三）互助养老与市场养老的区别

与市场养老相比，互助养老的区别主要体现在以下几个方面：

一是理念方面，互助养老的理念是互助、美德、公益、慈善，而市场养老的理念是竞争。

二是目的方面，互助养老的目的在于最大限度地满足组织 / 团体内部成员的养老需求，提高其养老福祉，不以营利为目的。而市场养老的目的是追求剩余价值（利润）的最大化。这是互助养老和市场养老的本质区别。

三是主导者方面，中国作为以集体主义和有效治理为社会基本结构的社会主义国家，且处于社会主义初级阶段，西方的公民社会、公民团体、法团主义等社会形态不适合中国，互助养老应当是国家尤其是党委主导的互助形式，而非完全由民间主导。市场养老则是市场主导。

四是资源来源方面，互助养老是国家、社会与市场的合作，合作形式是多方面和多样化的，市场养老的资源来源以市场和消费者为主。

五是组织者 / 经营者方面，互助养老的组织者是互助组织（包括行政型互助组织和草根型互助组织）以及愿意承担社会责任的企业，或者二者的联合。市场养老的经营者是企业。

六是服务人员方面，互助养老的服务人员以非正式网络、志愿者为主，市场养老的服务人员以市场就业人员为主。

七是互助养老的优势在于低成本、低价格，构建社会共同体，劣势在于多样化造成评估困难和低效率。市场养老的优势在于标准化、高效率、方便管理，劣势在于高价格。

表 1–2 互助养老与市场养老的区别

	互助养老	市场养老
理念	互助、美德、公益、慈善	竞争
目的	不以营利为目的	追求最大利润
主导者	国家	市场
资源来源	政府、社会与市场的合作	以市场和消费者为主
组织 / 经营者	互助组织、愿意承担社会责任的企业	企业
服务人员	非正式互助网络、志愿者	市场就业人员
优势	低成本、低价格，构建社会共同体	标准化、高效率、方便管理
劣势	多样化造成评估困难和低效率	高价格

第二章　互助共同体理论概述

根据前文所述，互助养老的边界在于互助组织。因此，互助养老的意义不仅在于寻找中国特色养老服务保障道路，更是对互助共同体建设的社会善治道路的探索。《共同体百科全书》一书的编者敏锐地察觉到，“我们生活在这样一个时代：对共同体的需求在增长，同时又感觉共同体在衰落。然而，人们从未像今天一样，如此努力地构建、复兴、寻找和研究共同体”。互助养老离不开共同体思想的土壤，共同体为大家提供了安全感与确定性，人们在共同体中乐意为共同体而努力，为成员提供其需要的帮助。故本书的理论部分将尝试对中西方互助共同体理论进行梳理和概述：一方面介绍滕尼斯等西方学者对于共同体的相关叙述。西方多数国家人少地多，以市场为本，国家通过法律和契约保护市场的自由竞争和个人权利，国家、社会、市场分立制衡。换言之，西方是缺乏中国式的共同体 / 组织化的国家治理工具的，西方的共同体因为自下而上，无法与强势资本主导的市场力量相对抗，更多的是一种“想象中的共同体”，故被刻画得更加纯粹；另一方面阐释了中国传统乡村区别于西方的“功能性的共同体”，如宗族就是一种非正式互助组织——“功能性的共同体”。本章将从共同体的政治性、经济性、文化性以及社会性四个方面进行相关论述，中国特色共同体思想是我们开展互助养老研究的重要基础。

一、西方共同体的相关理论

许多学者认为西方共同体理论倾向于一种“想象出来的安全感”或者

是一种“精神家园”[1]：比如滕尼斯认为“共同体是基于如情感、习惯、记忆等自然意志形成的一种社会有机体”；鲍曼认为“共同体是一个温暖而舒适的场所，一个温馨的家”，“共同体”是一个失去了的天堂，或者说是一个人们还希望能够找到的天堂；苏格兰裔美国社会学家罗伯特·M. 麦基弗指出，社区是一个“精神的联合体”；美国安德森认为，“民族是想象的政治体”；韦伯认为，“只有在关于共同境况和其后果的简单感觉之上，打上同属于某一整体的感觉印记时，才产生了共同体”。共同体有一项基本功能就是为人们提供安全感和归属感，人们在共同体中可以相互信任、相互帮助、相互依存。

西方这种“想象出来的安全感”与其历史、文化、经济、社会的发展密不可分，这体现在两方面：一是在高度的自由中怀有对共同体的眷念，中世纪[2]人们受封建等级制度和教皇的压迫，13 世纪末意大利的文艺复兴运动扩展至全欧洲，对“自由”与“个体”的追求达到极致，但是这也造成一定的负面影响比如个人私欲的极度膨胀和人们安全感的缺失，鲍曼认为共同体与个体自由是既对立又统一的关系，“失去共同体，意味着失去安全感，得到共同体的保护，意味着将很快失去自由”[3]，但是他认为没有保障的自由和没有自由的保障都是一种奴役生活；二是随着航海大发现、商业精神和资本主义的发展，伴随土地大垦荒、圈地运动和城市资本主义经济兴起，农民自由流动、变成自由劳动力进入城市，依附关系进一步转变为工人对于资本家的依附，西方共同体自下而上，无法与资本主义力量相抗衡，因此共同体的概念在西方被描述得更为理想，赫尔德在 1969 年就曾批判过荷

---

1 张志旻，赵世奎，任之光，等．共同体的界定、内涵及其生成——共同体研究综述 [J]. 科学学与科学技术管理，2010(10)：14-20.

2 欧洲中世纪是指从公元 5 世纪后期到 15 世纪中期，始于公元 476 年西罗马帝国的灭亡，终于公元 1453 年东罗马帝国的灭亡，最终融入文艺复兴运动和大航海时代（地理大发现）中。政治上采用封建等级制度，其封建等级由上至下主要分为教皇、国王、公爵、侯爵、伯爵、子爵、男爵、骑士等，他们的权利和义务都是有限的，“我的附庸的附庸不是我的附庸”，这种复杂的等级关系使欧洲封建国家长期处于割据状态，各国统治者仍不断进行战争，相互抢掠吞并，许多国家一直没有出现稳固的统一政权；宗教上罗马天主教在经济上占据当时西欧土地的三分之一，政治上与世俗王权分庭抗礼。中世纪晚期，饥荒、瘟疫和战争无处不在，中世纪也被称为是“黑暗时期”。

3 齐格蒙特·鲍曼著．共同体 [M]．欧阳景根译．南京：江苏人民出版，2003.

兰的商业精神，他认为“荷兰不是海上强国，而是大海的仆人；不再是一个贸易民族，而是贸易的仆人和工具”，荷兰的衰落最根本原因是商业精神的固有弱点，“纯粹的商业精神会杀死或限制勇敢精神、伟大事业精神、真正的治国精神以及智慧和博学精神”。

下面笔者节选了部分有代表性的西方学者关于共同体的论述，以体现西方“共同体”的特点。

1. 亚里士多德——城邦共同体

亚里士多德把共同体界定成为达到某种共同“善”的关系组合。古典时代是古希腊历史上的重要时代，城邦制度盛极一时。在《政治学》开篇，亚里士多德就指出：“我们所见的每个城邦都是一个社会团体，她们旨在完成某种意义的‘善’。在一切社会团体中，以‘至善’为最高理想的社会团体即为‘城邦’。”“城邦”是“至善”的“政治共同体”。

2. 圣·本尼迪克特——宗教共同体

圣·本尼迪克特（529）建立了本笃会的第一座隐修院，以宗教共同价值目标建立了世界上第一个宗教共同体。该共同体消除了东方隐士脱离社会的行为，而且为西方社会提供了一股强大的行“善”力量，并为后来者所推崇，圣·本尼迪克特是一个不得不提的共同体践行者，被称为“拯救西方道德的象征人物”和“人类美德的典范”。

3. 赫尔德——民族精神共同体

德国哲学家赫尔德[1]对启蒙理性背后的机械性和非自然性表现出明显的厌恶。他认为建立在契约基础上的资本主义——市民社会和理性国家是“非自然的”，只有奠定在“民族精神”基础上的民族共同体才是自然的。

民族共同体是最有利于实现人之幸福的生活形态。赫尔德批判理性国家和现代商业精神的膨胀，因为二者背后隐含的那种纯粹理性不符合人性，是不自然的，理性和感觉从来都是分不开的。“自然始于家庭，家庭相互结合，形成树的枝干根……彼此不分离，不倾轧”，从家庭到更大范围的社会，人保持自然关系的纽带是文化，文化是源于各民族不同的语言、伦理、习俗、地理自然条件凝结而成，是民族内部自然生长出来的，其精髓就是

1　李荣山．共同体的命运——从赫尔德到当代的变局 [J]. 社会学研究，2015(1)：215-241.

“民族性格”或“民族精神”。此外赫尔德认为“共同体并非一种局部的、怀旧的实践，而是一种能够走向普遍、面向未来的生活之道”。

4. 费迪南 · 滕尼斯——区别于“社会”的共同体

一般认为，把共同体（Community）[1] 从社会（Society）概念中分离出来作为一个基本的社会学概念，最早可以追溯到德国社会学家费迪南·滕尼斯（Ferdinad Tonnies）1887 年发表的《共同体与社会》。滕尼斯指出，“共同体是基于如情感、习惯、记忆等自然意志形成的一种社会有机体，一般来说，共同体包括血缘共同体、地缘共同体和精神共同体等三种不同形式的结合形式”。滕尼斯的定义揭示了共同体的重要维度：即除了“共同的生活环境”“共同的生活特征”外，共同体还需要具备另一些更加深刻而持久的共同性加以维系：①归属感；②威严或权威；③默认一致。滕尼斯将共同体与社会作了区分，共同体是“亲密无间的、与世隔绝的、排外的共同生活”，其成员有着共同价值观和传统，他们有共同的善恶观念、共同的朋友和敌人，存在着“我们”或“我们的”意识；而“社会应该被理解为一种机械的聚合和人工制品”，充满着契约与个人主义至上。

滕尼斯墓碑上镌刻着克尔讷的一句格言，集中表达了滕尼斯对共同体式的“爱”的眷恋：我不知道，我从何处来；我不知道，我将被带往何方；但我知道，是否给我爱——一种永远没有忘记我的爱。

5. 涂尔干——“有机团结”共同体

法国社会学大师涂尔干[2]（Emile Durkheim，一译“迪尔凯姆”，1858—1917）延承了滕尼斯在共同体上的研究。涂尔干在 1893 年发表的《社会分工论》中使用“机械团结”来表述他的共同体思想。他认为，“机械团结”代表集体类型是“个人不带任何中介地直接系属于社会”，机械团结的社会整体呈现高度的一致性，社会成员的情绪、感受、信仰、价值观都彼此类似，集体湮没个性，其明显的标志就是“镇压的权利”，即社会对差别性、

---

1 据张志旻等《共同体的界定、内涵及其生成——共同体研究综述》中提到，在我国，直到 1932 年美国社会学家帕克（R.E.Park）来华讲学之前，“Community”和“Society”都译作“社会”，面对帕克“Community is not Society”这句话的翻译问题，费孝通等人才把社会一词保留给 Society，而对 Community 创立了一个新的词义“社区”。

2 李慧凤，蔡旭昶．“共同体”概念的演变、应用与公民社会 [J]. 学术月刊，2010(6)：21-27.

异质性的强制压抑；而与之相对的“有机团结”则代表了个人人格，即“个人之所以依赖于社会，是因为它依赖于构成社会的各个部分”，社会的基本任务由专门化分工来完成，个人之间原有的联结逐渐弱化，生活、观点、意识、信仰等诸多方面的差异性不断扩大，但同时彼此之间的相互依赖性也在逐渐加强。“在第一种意识里，我们与我们的群体是完全一样的，因此我们根本没有自己，而只是社会在我们之中生存和活动；相反，第二种意识却把我们的人格和特征表现出来，使我们变成了个人”。

6. 马克思——自由人的共同体

马克思指出，“人的本质并不是单个人所固有的抽象物，在其现实性上它是一切社会关系的总和，人不是抽象地蛰居于世界之外的存在。人就是人的世界，就是国家、社会”。马克思所论述的人类社会发展的三种社会形态，或者说三种不同类型的社会共同体，就是提出了三种相互区别而又紧密联系的社会关系划分标准，即“人的依赖关系”时期的前资本主义社会共同体、“物的依赖关系”时期资本主义社会共同体、“个人全面发展”时期的共产主义社会共同体。在马克思、恩格斯看来，只有自由人联合体，才是“真正的共同体”。在资本主义社会的共同体中，资产阶级把自己的特殊利益说成是全民的共同利益，或国家成为代表资产阶级获取剩余产品和统治地位的工具，这样的国家就是一个虚幻的共同体；真正的共同体是，“代替那存在着阶级和阶级对立的资产阶级旧社会的，将是这样一个联合体，在那里每个人的自由发展是一切人自由发展的条件”。

7. 鲍曼——平等的共同体

鲍曼指出：“如果说在这个世界上存在着共同体的话，那它只可能是（而且必须是）一个用相互的、共同的关心编织起来的共同体；只可能是一个由做人的平等权利以及对根据这一权利行动的平等能力的关注与责任编织起来的共同体。”

8. G.A. 科恩——团结与互惠的共同体

共同体与平等是 G.A. 科恩政治哲学思想的两个核心概念，是其所倡导的社会主义必须坚持的两个基本原则。科恩认为，社会主义不仅倡导一种激进的分配平等主义，而且倡导一种共同体原则，即“人们相互关心，和在必要和可能的情况下相互照顾，而且还要在意他们的相互关心”。在科恩看来，共同体原则所倡导的是这样两种关心模式：“第一种是抑制因社会主义机会平等导致的某些不平等的模式。”第二种是共同的互惠形式，其“不是平等所要求的，但却是实现一种可欲的人类关系形式所要求的”。这两种关心模式也被分别称为“团结性原则”（Solidarity）与“互惠原则”（Reciprocity）。互惠原则是共同体所要求的另一个关心模式，其不同于资本主义的市场互惠。资本主义倡导的互惠原则，是在市场交往中的交换互惠。然而，在科恩看来，他所讲的共同互惠是一种反市场的原则，“根据互惠原则，我为你提供服务不是因为这样做我能得到作为回报的什么，而是因为你需要或你想要我的服务，而你给我提供服务也是出于同样的原因”，人们如此行为是基于对人与人交往应该以慷慨与大方为原则这种价值观念的认同。市场之所以不具有吸引力，是由于其背后内在的令人厌恶的动机，即贪婪与恐惧。

9. 丹尼尔·贝尔——心理性共同体

丹尼尔·贝尔的《共同体主义及其批评者》，概括了地理的、记忆的和心理的三种共同体形态。地理共同体，即为社区，这是普遍意义上的共同体，如邻里、村落、城镇等；记忆共同体，即拥有共同历史记忆、有着共同理想的共同体，如“中华民族”“美国人”等都是记忆共同体的表现形式；心理共同体，即由于参加某项活动而形成的具有共同心理体验的共同体，如自愿结社的政治团体、宗教团体等均属于心理性共同体。

10. 安德森——想象的共同体

美国康奈尔大学教授安德森在其著作《想象的共同体》中指出，民族是一种“想象的政治共同体”，它是想象的，“因为即使是最小民族的成员，也不可能认识他们大多数的同胞，与他们相遇，或者（甚至）听说过他们，然而，他们相互联结的意象却活在每一个成员的心中”。

二、中国乡村共同体的相关理论

与西方想象中的共同体不同，中国乡村自古以来不仅是情感上的共同体，更是具有现实功能的共同体，其实质是一种包含政治、经济、文化、社会等作用的功能性组织。正如费林（Fellin）[1]所说，一个令人满意的共同体应当是一个“有能力回应广泛的成员需要，解决他们在日常生活中遇到的问题和困难的共同体”。中国基层的互助共同体之所以没有被市场所瓦解，就是因为在农业经济中自下而上的血缘共同体（宗族组织）有其牢固的内生团结力，同时它也并非仅是自下而上的自治体，还有皇权/党政自上而下的支持、组织与管理。而现代社会与乡土社会的区别主要体现在：共同体组织由非正式向正式转变，由功能合一向功能分离转变。如在政治上，在古代通过宗族或乡绅治理乡村、共同参与、议事，近现代则是乡政村治；在经济上，在古代兴建水利等共御风险、生产互助、丧葬互助等，近现代则是新型集体经济组织、合作社等；在文化上，传统以等级的伦理思想为主，现代则以平等的互助思想为主；在社会上，传统基于血缘的、非正式组织化的“熟人社会”，现代则是基于各类社会组织、正式组织化的“半熟人社会”。

（一）政治性共同体

中国古代很多乡村是事实上的政治共同体，体现在：（1）在家国关系上，中国古代村落是家国同构的，以道德教化为主。梁漱溟提到乡村在政治上“但有君臣间、官民间相互之伦理的义务，比国君为大宗子，称地方官为父母，举国家政治而亦家庭情谊化”。自从汉代董仲舒提出“阳儒阴法”的二元合一学说之后，国家与乡村自治处于并存关系之中，国家的基层治理从古到今都是倾向于简约治理，以道德和实用为主，高度依赖道德化的非正式民间调解机制[2]。（2）乡村自治依赖于宗族力量或者乡绅乡贤，宗族和乡绅具有非常大的权威，“中国村落是一个其运营委诸于二三耆老父兄擅断的小天地（或曰小王国）”。（3）部分古代村落的村民自行制定村规民约，经过共商共量形成共识。尤其是明清时期，订立村约现象相当普遍，如山西省泽州县东沟村存有清乾隆五十二年（1787）所订《东沟合社同乡

1　Fellin, Phillip. The Community and The Social Worker [M]. Itasca：F .E .Peacock Publishers, 1995.

2　黄宗智 . 国家与村社的二元合一治理：华北与江南地区的百年回顾与展望 [J]. 开放时代 , 2019(2)：20-35.

地公议永革赌博公约》石碑刻，约文称："兹因村中赌博不绝，公议禁革不意。立禁之后，忽有犯者，罚戏三台。"可以说 1949 年新中国成立以前，中国乡村的政治共同体是基于传统地缘、血缘建立起来的宗族、乡绅等民间自治系统，政府虽然通过保甲制度等不断加强对基层的行政管理，但总体与乡村是弱联结的，政府主要通过中介角色间接管理乡村。

1949 年新中国成立后，中国乡村作为国家最基层的治理单位——行政村，其政治共同体性质体现在：（1）在与国家的关系上，国家致力于直接管理乡村。新中国成立初期国家全面重新组织农村，建立了生产队、合作社、人民公社等农村基层党政组织，人民公社事实上将中国古代传统村落从一种自然或自发形成的社区共同体转变为由国家权力深度干预和控制而形成的政治共同体；在人民公社解体之后，人民公社的生产大队和生产队改为行政村与村民小组，政经分离，乡村的基层党政组织仍旧保留，由村支书和村长执行国家的各项政策并组织村民；进入 21 世纪后，乡村作为最基层的政治单元，国家渐渐重视其建设和发展。国家通过对乡村的扶助，支持乡村发展和完善村民自治制度，并从公共供给方面为乡村自治提供更多后援。总体来看，新中国成立后，国家与乡村是逐步增强联结的，国家的政策触角是可以直达村民的。（2）在乡村自治上，宗族力量基本瓦解，已经不具备治理本村事务的绝对权威，这一阶段农村村民自治制度建立和完善。新中国成立初期的"人民公社"时代农民对于人民公社具有很强的认同感和归属感；人民公社解体后，村民分田到户，国家允许农村实行村民自治，并允许村民按照自愿的、最有生产积极性的方式组织生产和社区生活[1]，农民通过"一人一票"的方式选举产生村民委员会。

（二）经济性共同体

中国古代传统乡村的小农经济要抵御各种风险，由此决定了传统乡村是一个需要互助合作的聚居社会。中国古代传统乡村经济性共同体体现在：（1）灌溉互助。东亚存在水利灌溉的需求，而灌溉则需要集体行动。如唐宋之际的渠人社，渠人社是村落农民为修治、使用水渠而形成的结

1　毛丹 . 村庄的大转型 [J]. 浙江社会科学 , 2008(10)：2-13.

社。（2）生产互助。汉代开始，“社”内人员就在耕地、收割、打场、脱粒等农作生产环节相互合作，共同使用场地、牲畜、水源、工具等资源。如元代“锄社”是十家结为一社，“间有病患之家，共力助之”，“乐事趋功，无有偷惰”，秋收之后，还要相聚犒劳，其间享受的集体之关爱、之欢乐，已超出其他。[1]（3）红白喜事互助。传统乡村的家族或拟家族的社会化关系，使“兄弟乃至宗族间有分财之义，亲戚、朋友间有通财之义。以伦理关系言之，自家人兄弟以讫亲戚、朋友，在经济上皆彼此顾恤，互相负责，有不然者，群指目以为不义”。如在两汉时代乡村便有丧葬互助，乡村百姓遇有丧葬，便有吊丧、会葬之举，古时村落居民之丧葬活动主要有四个方面内容[2]：一是同哀，即大家遇有丧亡之事，“便须心生新恨，号叩大哭”；二是共赴丧葬活动，即“荣葬之日，须要荣勾，临去之日，尽须齐会”；三是丧器共用，“赠送营办葬仪车轝”；四是赠物，“色物赠例，勒截分明”。

1949年新中国成立之后，灌溉互助、生产互助在人民公社时期达到鼎盛，直到农村实行联产承包责任制，在分田到户之后灌溉作业由国家水利工程包揽，生产互助仅在少数村落、少数家庭中存在，红白喜事互助的传统也在一些地区被市场化的包干承办替代。新中国成立之后的乡村经济共同体更多地体现在村集体经济的演变上：（1）在人民公社时期，“三级所有、队为基础”的人民公社体制成功地将农民组织起来，通过合作化建立了具有中国特色的农村集体土地所有制，形成了集体经济，借助“公分制”，人民公社组织人民进行农业生产和大量的基础设施和公共事业建设。人民公社使农田水利获得大幅度改善，农民被组织起来进行教育、医疗、文化建设，典型如民办教师、赤脚医生和文艺宣传等。[3]（2）在改革开放以后，为调动农民生产积极性，我国农村集体经济组织实行了以家庭承包为基础的统分结合、双层经营体制，农民“交够国家的、留足集体的、剩下都是自己的”，农民有了剩余索取权，收入快速增长，但此时却出现农民“交够国家的和剩下自己的”，不愿“留足集体的”现象。农户开始向独立的市场经

---

1 马新．试论中国古代农民的群体性特质 [J]. 文史哲，2019(6)：55-56.

2 同上。

3 贺雪峰．改革开放以来国家与农民关系的变迁 [J]. 南京农业大学学报（社会科学版），2018(6)：16-21.

营者演变；除了浙江、江苏等少数省份，村庄作为集体经济共同体的功能总体趋于急速下降。[1]（3）在20世纪末期，由于国家实现粮食流通市场化，大量单个农户的市场能力弱小、农产品市场竞争力弱小，在一些村庄中农户为抗御市场风险发生新的合作、联合行动，同时，国家大力提倡发展的乡镇（集体）企业也深刻体现了乡村的经济共同体功能。但是，在20世纪90年代中期以后，乡镇企业转制进行股份制改革，以产权制度改革促发展，乡镇企业去社区化、去政治化，在法理上基本解除与村庄的经济捆绑后，村庄的财力汲取与公共服务自供给能力都趋向下降。（4）21世纪初至今，村庄并没有随着市场化进程而瓦解，国家开始重视新型集体经济的作用，在全国范围内仍然存在着大量的各种形式的农民合作社、集体经济组织等。而2020年新冠肺炎疫情爆发，全球面临经济倒退、地缘政治中心转移以及人口老龄化等重大变化，在这一“百年未有之大变局”中，以维护国家长治久安为目的的现代乡村共同体建设的战略意义将迅速凸显，与中国国情相适应的农村互助合作组织的建设与发展也将提升到更高位置。

（三）文化性共同体

中国乡村共同体在文化上具有祖先崇拜，认同伦理、情义、集体，这些文化认同也是乡村互助行为的文化土壤。

中国人没有西方的“一神论”，对待神明“敬而远之”，但是中国家庭都具有祖先崇拜，提倡光宗耀祖，且注重传承。中国乡村的家庭是家庭成员、家庭财产、家庭牲畜、家庭声誉、家庭传统和家庭神祇构成的复杂组织，家庭还包括还未出生的后代和早已死去的祖先[2]。在杨懋春先生笔下，农村家庭是赋有生命的有机体，人、土地、牲畜等是家庭的躯干，祖先崇拜、家庭声誉等则是家庭的灵魂。

与美国的个人主义、印度的超自然主义不同，中国的世界观是以情义

1 毛丹．村庄的大转型 [J]. 浙江社会科学，2008(10)：2-13.

2 张莉．一个华北乡村生活的巨变——读杨懋春先生《一个中国村庄——山东台头》[J]. 中国农业大学学报（社会科学版），2007(1)：197-199.

为中心构建[1]。梁漱溟总结中国乡村的文化是“伦理本位”的[2]，是完全有别于西方那种“个人本位”的文化。中国传统社会的伦理关系，家人父子是其天然基本关系，故伦理首重家庭。“是关系，皆是伦理；伦理始于家庭，而不止于家庭”，在中国伦理关系亦是情谊关系，“出生到社会上，于教学则有师徒，于经济则有同伙，于政治则有君臣官民；平素多往返，遇事相扶持，则有乡邻朋友。随一个人年龄和生活之展开，而渐有其四面八方若近若远不尽的关系”；而西方“他们的人生，无论在法制上、礼俗上处处形见其自己本位主义，一切从权利观念出发”。中国社会“伦理关系彼此互以对方为重；一个人似不为自己而存在，乃仿佛互为他人而存在者”。这种文化，可称伦理本位的文化。

而进入现代社会，除父子、夫妇、兄弟的等级伦理思想以外，基于平等、情义、集体、“和合”文化的你中有我、我中有你，相互包容、相互支持、相互理解的共同体思想越来越成为主流——这是中国传统互助思想的现代转型。习近平总书记即创造性地提出了国家交往的“人类命运共同体”的概念，“命运相连，休戚与共”，面对同一个地球，同一片天地，同样的经历，同样的危机，同样的挑战，同样的愿景——和平、发展、合作、共赢[3]。这是对传统共同体理论的升华。人类命运共同体是基于传统血缘、地缘和文化所形成的集合体，共同价值观和传统、共同感情、共同信仰和集体意识，为成员提供某种确定性和安全性，使成员能维系相互依存、相互信任和相互帮助的社会关系。“和合”文化，其本质特征是国际社会的集体主义，“人类命运共同体”是对国家个体主义的一种扬弃。

（四）社会性共同体

中国古代村落自产生起，便具有较强的社会共同体特征，中国传统乡村的社会性共同体体现在两方面：（1）基于血缘、地缘形成的非正式互助

1　许烺光．宗族、种姓与社团 [M]. 黄光国译．台北：南天书局，2002.

2　《乡村建设理论》又名《中国民族之前途》，是梁漱溟 1931 年至 1936 年间在邹平乡村建设研究院所作“中国问题之解决方法”“中国社会建设之途径”系列讲演的结集。

3　叶小文．人类命运共同体的文化共识 [J]. 新疆师范大学学报：哲学社会科学版，2016(3)：1-5.

组织。中国的非正式互助组织——宗族不仅是其成员超出亲族而相互联结的团体，而且在一段漫长的历史时期内，比西方社会中存在的种姓与社团更具凝聚力。根据费孝通先生的差序格局理论，中国传统乡土社会是一个守望相助的社会，其中的人际关系是一个由不同社会关系构成的“差序格局”，这种“差序格局”就像“一块石头丢进水中所产生的一圈圈推出去的波纹”，被圈子的波纹所推及的就存在联系，这种联系由“一己”的中心向外推去，由亲到疏，由“家”到“小家族”再到“外人”，愈推愈远，也愈推愈薄[1]。同时费孝通也指出，以父系亲属和母系亲属延伸所形成的亲属体系，也即家族体系，是村落社会非正式组织支持的重要资源[2]。而西方社会组织是团体性的，也即“团体格局”，这“有些像我们在田里捆柴，几根稻草束成一把，几把束成一扎，几扎束成一捆，几捆束成一挑。每一根柴在整个挑里都属于一定的捆，扎，把”。（2）中国传统村落，村民进行普遍的社会参与。传统村落中的公共活动与公共事务有很多，既有祭社[3]、祭神、驱傩、求雨、腊祭等祭祀活动，又有修路、架桥、凿井、建房等公共事务，还有春节、上元、清明、端午、中秋等各种各样的节庆娱乐活动。公共活动所需钱财向全体村民收取或摊派，唐宋之间西北村落中盛行的春秋座局席的活动方式便是轮流承办与平均分摊的结合[4]。

案例：村落中的各种会社多种多样，如清末婺源县有大量的祭祀娱乐类的会社，“若同年会、戏会、土地会、社会、灶会、胡帅会、李帅会等，则不一而足。尤著者如城乡之四月八会、东乡汪口之三宝仙会、北乡清华之端阳会、南乡中云之重阳会，演戏至十余日，靡费至数百金”。

20世纪90年代以来，随着市场经济发展，农民大量流往城市，乡村社会共同体受到了严重的冲击，乡村的社会性共同体若有若无，但确实存在。如部分南方乡村等，村民仍然很注重自己的宗族、家族、亲朋和邻里，大部分的乡村，青壮年出于经济考虑外出务工。但是外出务工的农民也需要

1 费孝通．费孝通选集 [M]. 天津：天津人民出版社，2002.

2 同上。

3 中国古代村落中的祭社一般分春社与秋社两次进行：“春祭社以祈膏雨，望五谷丰熟；秋祭社以百谷丰稔，所以报功。”自先秦时期，人们便“唯为社事，单（殚）出里；唯为社田，国人毕作”。

4 马新．试论中国古代农民的群体性特质 [J]. 文史哲，2019(6)：55-56.

共同体来提供安全感、归属感和确定性。有研究就提出，农民外出时在城市移植了共同体，“他们像锅里的油，尽管在水的表层漂浮不定，但因分子结构相同相互吸引而抱团”，农民工在城里聚集在一起，通过共同体，他们一方面满足了经济上的需求，另一方面也得到了认同。另外，虽然传统的祭社、祭神、驱傩、求雨、腊祭等祭祀活动减少，但是仍有许多村落组织上坟和共祖立碑，由于一姓的祖坟大多葬在一处，在进行共同的如清明扫墓活动时，家族成员就会获得相互间的问候和联系，加深祖上记忆等[1]。与此同时，社会性共同体是中国乡村共同体的基础，现代乡村共同体、现代乡村互助组织的重建离不开现代乡村互助型社会组织的重建。

1　张领 . 流动的共同体：新生代农民工、村庄发展与变迁 [M]. 北京：中国社会科学出版社，2016.

第三章　中国城市互助养老实践

在前文对互助养老的研究背景、概念及共同体理论进行论述并阐明其中国特色之后，本章至第六章将主要截取中国城乡互助养老实践进行分析。本章的关注点在城市互助养老实践。笔者选取了北京爱众慈孝家园养老服务中心、北京瀚丰养老驿站、大连湾义工站、上海老伙伴计划四个典型的中国城市互助养老实践，重点介绍了其互助养老的起源、模式，结合数据及在实践中真实发生的案例故事，使读者对中国城市互助养老的组织运行有充分的了解。

一、北京爱众慈孝家园互助养老实践

北京爱众慈孝家园养老服务中心于2014年成立，在政府购买服务的支持下，深入开展社区互助式居家养老。其组织目标是：在社区建立高度自治的社区中老年志愿者团队，以“实现中国公益互助式居家养老”为使命，秉持“成为爱、分享爱、唤醒爱”的理念，弘扬中华慈孝文化，激发中老年人的生命活力，让老人在充满爱的慈孝家园中安养晚年。目前爱众慈孝家园已在北京为12个社区的老人开展互助养老服务，覆盖近1万名老人[1]。

1　笔者在爱众慈孝家园的调研共分为两次进行，第一次主要调研了爱众慈孝家园的主要负责人以及部分社区专员，第二次主要对爱众慈孝家园开展互助养老服务的新鲜社区进行调研。

（一）爱众慈孝模式的发展过程

2014 年 4 月，爱众慈孝家园在丰台区大红门街道西马场北里社区启动了第一个社区互助式居家养老项目。2014 年 10 月，获得东城区民政局政府购买居家养老项目，开始在东直门和交道口街道四社区开展试点服务。2016 年 4 月至 2017 年 11 月，陆续获得东城区民政局第二次政府购买互助式居家养老项目，在朝阳门街道礼士和新鲜社区落地；与崇外街道 4 社区签约，启动"建立社区自治团队开展互助式居家养老"项目；获得龙潭街道龙北社区党建经费购买互助式居家养老项目；获得崇外街道国东社区二次购买互助式居家养老项目；获得东花市街道枣苑社区购买互助式居家养老项目等。在东城民政、东城区社区服务中心的指导和帮助下，总结出了"1—5—5—1"互助养老模式，以在社区推广健身操为切入点，建立社区志愿者队伍，开展运动养生进家庭活动，为老人提供理发、修脚等为老服务，打造社区自治团队，弘扬中华慈孝文化，培育社区互助精神，营造社区和谐氛围，使越来越多的老人走出家庭、走出孤独、融入社会、互帮互助、精神关爱、服务社会，激发老年人的生命活力，效果显著。

（二）爱众慈孝模式的运行机制

下面将从互助养老的资金来源、组织运行、服务内容三个方面，具体介绍北京爱众慈孝家园社区互助式居家养老模式。

1. 互助养老资金来源

北京爱众慈孝家园作为一家非营利性的社会组织，其运行资金除少部分社会爱心人士、企业家的捐助之外，大部分资金来源于政府购买服务项目。以爱众慈孝家园服务的东城区朝阳门街道新鲜社区为例，2016 年东城区政府购买到新鲜社区服务项目的资金为 7 万 ~ 8 万元，2017 年是由新鲜社区自己用社区党组织服务群众经费购买服务，资金约为 15.7 万元，2018 年新鲜社区第二次购买服务的资金 8 万多元，服务周期四个月。目前爱众慈孝家园获得的资金只能支撑起单个的社区互助养老服务项目，而对于其下一步想要转型做项目培训孵化的想法，目前并没有合适的资金来源。

2. 互助养老组织运行

北京爱众慈孝家园开展社区互助养老活动主要以马斯洛需求理论为基础，由爱众慈孝家园的核心志愿者（社区专员）来组织发动。

首先，在生存问题已经解决的前提下，大部分老人重视的是自身的健康安全以及养老安全，希望无病无灾。因此，爱心志愿者进入一个新的社区后，先带领社区老人集体锻炼，管理健康，预防和控制慢性病，建立起健身队伍。在将健康知识、健身操教授给老人的过程中，老人收获健康的同时也有了养老的归属感。根据调查统计，参加集体锻炼后老人的慢病控制有效率达到 80% ~ 100%，年人均医药费减少 2992 元[1]。

其次，在建立健身队伍的基础上，老人们会一起开展集体生日、节日节气庆祝、幸福系列课培训、入户陪伴等活动，为其他人服务，在此过程中提升老人幸福感与价值感，让每个人都有实现自我价值的机会，也密切了社区邻里关系，使老人们满足了自身的社会参与需要。

再次，在邻里关系更和谐的基础上，逐步形成互助团队，进行小范围的互助。“爱众”会让老人们轮换当队长，负责填写项目信息，如健身操的出勤率、日常活动的出席率、记录自己和他人的公益时间等，让每一位老人有得到“尊重”和发挥余热的机会，将自己学到的“运动养生进家庭”健身操带入高龄空巢失独等特殊老人家中，来实现邻里的相互尊重，满足了老人们的尊重需要。

最后，实现老人自我价值。社区志愿者团队会进行职能分工，团队内部有自己的规章制度，包括关系处理的规则，如不说负能量的话，不埋怨他人，一旦形成团队决议，别人就不能改变，大家都要签字同意，避免矛盾等。在逐步稳定社区志愿者团队的基础上，进行团队管委会的选举，组成志愿者团队的核心，同时，由爱众慈孝家园、居委会和社区志愿者选举管委会领袖，管委会一般三到五个人，特殊情况是七个人。

3. 互助养老服务内容

爱众慈孝家园主要提供五大互助服务，包括以下几个方面。

（1）互助团队培育。爱众慈孝以中华传统文化“仁爱”为核心，将社

1　与北京联合大学共同调研得到结果。

区社会组织培育、社区志愿团队建设及居家养老服务等工作有机结合，培育有凝聚力、有章程、有分工的互助式自治团队。目前 13 个社区团队中绝大多数已经走进了第 4 年和第 5 年，他们能与居委会合作，自发、可持续地开展各项居家养老服务。东直门街道的新中街社区自治团队走进第 5 年，团队从最初的不到 10 人，其中有好几位都是 70 ~ 80 岁的高龄老人，发展到 2019 年志愿者团队核心骨干已经接近 40 人，为老服务开展得红红火火。

（2）互助式身体健康管理。通过在社区集体锻炼，在相互督促中加强关系，进行运动干预，建立良好的生活习惯，记录运动健康档案，预防和控制慢病，提高生活质量。同时他们把运动养生送进老人家里，解决重大疾病和特殊老人的身体健康问题。据爱众慈孝家园一位志愿者讲述，她先生从 2003 年起因为脑梗导致视力缺失，因此特别自卑，不愿出门，经过社区志愿者的入户陪伴，思想能够打开，逐渐可以跟人交流，访谈前一天去医院做例行检查，各项指标都有所好转，肌酐从 160 多减到了现在的 106。另外，在国东社区“运动养生进家庭”项目中，有一位患肺癌老人，喘得很厉害，咳不出痰来，经过几个月的上肢拉力器的锻炼，上诉症状得到显著改善；还有一位每周做三次透析的老人，血管严重脆化，医生判断他很快无法继续做透析，然而经过几个月锻炼后，他的血管质量得到明显改善，这让医生也感到吃惊。

（3）互助式心理健康管理。经过培训的老年志愿者通过互助入户陪伴，带动健身、参加集体活动，增加交流、解决孤寂问题，使大部分的老人心理健康得到改善。对于心理问题较严重的居民和老人，通过社区专员和专家互助式精神慰藉及陪伴，得到很好的效果。龙北社区志愿者韩某（78 岁），之前患有帕金森症和严重的抑郁症，忘性大，平常不爱说话。经常和儿媳妇吵架，导致严重失眠，身体状况极差，走路身体往一边倒，常在友谊医院看病。在龙北社区自治志愿者团队和家里人共同帮助和鼓励下，两三个月后，性格变得开朗了，连友谊医院的大夫都好奇地问她到底吃了什么药。现在她是团队的开心果，上个月友谊医院组织了一次知识竞赛，她还获得 200 元的现金奖励，激动得她要请团队伙伴们一起吃饭。曾经和她一起住院的两位患有抑郁症的病友，也相继加入团队，心理状况都得到非常大的改善。

（4）互助式精准帮扶。社区老人的身体和家庭情况是多样的，需要社区团队进行有针对性的服务，及时反应及时服务。屋顶漏水了，志愿者们帮忙补；轮椅坏了，志愿者们帮忙修；头发长了，志愿者们帮忙理；腿脚不舒服了，志愿者们上门指导康复锻炼；孤疾老人住院，大家问候并送去老人想吃的饭菜……新中街社区有一户低保家庭，70多岁的大爷还要照顾智障、不能自理的老伴，志愿者看在心里，自发地捐款为他们缝新被子、蒸包子、陪伴去医院体检等，一辈子几乎没写字的老人，给居委会送来了两封感谢信。各队志愿者真诚的付出，赢得了社区及老人们的高度信任，老人们把志愿者当成了贴心人，在需要帮助时第一时间会想到向这些志愿者们求助，"远亲不如近邻"这句话在开展互助养老的社区体现得淋漓尽致。

（5）互助式便民服务。自治团队为特殊老人自发地提供代买代购，临时洗衣、做饭、医院陪护等服务，让老人们看到了生活的希望。十字坡社区的年近80岁的董大妈外出摔倒，肋骨骨折，无法买菜做饭，大家主动上门帮助买菜做饭洗碗，解决了老人生活的大问题，也为老人的儿女解决了后顾之忧。对于新鲜社区的新四军老干部、95岁的空巢老人王奶奶，志愿者们定期买药、代购等志愿服务解决了老人的不便，王奶奶激动得对周围人说："我百分之二百地感谢志愿者们，没有他们，我活不到今天。"

从爱众慈孝家园提供的各项互助服务来看，除了较为专业的医疗保健没有进行之外，北京市规定养老驿站应提供的六项基本服务功能，爱众慈孝家园都已在提供。

（三）案例小结

北京爱众慈孝家园养老服务中心探索出的城市互助养老模式独具特色，其特点可以总结为以下四个方面：一是先进的互助理念——一切从仁爱出发，二是互助工具——从健康保健切入，三是互助过程——培育志愿者自治团队，四是互助目的——志愿者通过分享获得成长。但是，北京爱众慈孝家园养老服务中心运行中也面临着可持续发展问题：一是资金来源单一，二是未能与企业建立合作机制，三是缺少有偿服务收入，四是尚未建立志愿者激励系统等。

二、北京瀚丰互助养老实践

北京瀚丰养老驿站采用“互助＋商业”模式，通过开展“健康指导服务”“托老服务”“超市服务”等项目，在发展互助养老的同时，兼顾市场化运营模块，不断坚持完善“一个方向、两个途径、三支队伍、四方联动、五项措施”的方阵路线，致力于打造城市低成本的“互助一乡”“以老养老”新型互助养老模式，形成长效的自我造血机制。

（一）瀚丰模式的发展过程

瀚丰养老的创始人刘文娟对于“互助”有很深的感情，她的父亲就是通过“互助”来被照顾的。刘总的父亲2000年左右因为中风瘫痪在床，两个儿子都不在身边，需要请护工照顾。但是合适的护工很难找，第一年找了七个护工，都干不长，最长的七个月，最短的两三天就走了。最后没办法，找到一个老人来照顾父亲起居，但是这个老人不会做饭，就又找一个老人来做饭；因为父亲喜欢唱戏，又找一个会唱戏的老师来，四个人生活在一起挺开心，一块生活了六年。最后形成的“搭配”是：做饭的阿姨是对门的邻居，她老伴去世以后没有收入成了低保户，在刘总父亲家做饭回自己家住，每个月给她1000元。还有一位老人住在刘总父亲家中照顾起居，每个月给1200元。另外一位老人负责采购、搞点文娱活动，不要工资，但是也不太愿意住在一起，就在楼上租的房子，由刘文娟父亲出钱。四位老人在一起，平时一起唱歌、聊天，每周五小区的京剧票友还会来家里一起唱戏，家里特别热闹。这种照顾方式一直持续到父亲去世。也正是因为对父亲有这份孝心，在父亲去世以后，刘文娟就想从事养老服务行业。

2014年，她提出“自助式”“互助式”和“公助式”三项方案，在济南市民政局的协助下，在济南市天桥区的社区当中推广实践。2014年6月，瀚丰居家养老服务中心注册为社会组织，“三助式养老”有了具体的实施机构。为应对缺乏资金支持的问题，瀚丰开始探索自我造血模式，他们选择了肠道保健项目作为盈利点。2015年初，瀚丰养老开始探索面向社区建立连锁服务机构“瀚丰社区管家站”，通过加盟方式推广肠道保健项目，在这个项目中扩展出一系列“医养结合”的养生服务项目。其中，互助养老

“邻里一家亲”是公益项目，而肠道保健及其衍生的养生项目则作为收费服务产生了盈利，也使中心的运作有了造血机制，以此形成“互助 + 商业”的运行模式。经过在山东的发展之后，刘总了解到北京在发展社区居家养老服务方面政策利好，故于 2017 年进入北京尝试运营养老驿站。如今，瀚丰养老驿站仍旧秉持着“互助 + 商业”的运营思路，同时，提出“五助一乡”的新模式：自助、互助、公助、共助、寄助和乡村旅居，形成更加全面、多样的服务项目。

（二）瀚丰模式的运行机制

下面将从互助养老的资金来源、组织运行、服务内容三个方面，具体介绍北京瀚丰养老驿站的互助养老模式。

1. 互助养老资金来源

瀚丰养老驿站的运营思路是“互助 + 商业”模式，其中互助服务部分基本由政府补贴，盈利项目包括提供平台让专业技术团队加入，为有需求的老人提供个性化收费服务等。

案例：以通州区瀚丰社区管家站（养老驿站）为例。社区管家资金来源分为两部分，分别为政府补贴收入和经营性收入。首先，通州区政府依照社区养老驿站接待的老年人数量、老年人所享受的服务种类及次数进行补贴；其次，通州区瀚丰社区管家站一大半资金来源于经营性收入——保健服务 + 平台收入。社区管家站继续充分利用前期搭建的平台，将内部服务划分为不同版块，并根据不同版块寻找专业人员或机构进驻管家站平台，进驻平台的人员或机构无须缴纳租金，只需要让管家站参与最终的利润分成。

2. 互助养老组织运行

以北京瀚丰养老驿站为例，在发展互助养老的同时，兼顾市场化运营模块。

（1）互助养老版块。互助养老版块主要是指不以营利为目的的部分，实际包括各类服务，目前主要开展的是爱心早餐、健身操以及其他文化娱乐类活动。瀚丰养老从 2019 年开始在台湖镇东亚印象养老驿站及润枫领尚养老驿站开展 1 元营养早餐活动[1]，由此吸引老年人来驿站活动。同时由老年人志愿者带领老年人学习赵之心教授的健骨操，科学健康的晨练活动也获得了老年人的好评。伴随几家养老驿站活动的开展，有越来越多的老年人/社区居民愿意成为志愿者。

案例：润枫领尚养老驿站 1 元早餐帮忙登记的两位阿姨就是退休老人志愿者，工资补贴每人每月 1000 元。台湖镇东亚印象养老驿站的负责人王姐有人事和营销的工作经验，对于志愿者招募选拔培训非常有心得[2]。同时，也会从志愿者队伍中选取较为积极的老人在社区养老驿站中工作，每月给予适当的补贴。这些养老驿站虽然采取的工作方法不同，但都在提高社区老人对养老驿站信任感、增强老人与驿站之间黏性的同时降低了养老驿站运营的人力成本。

（2）市场化服务版块。市场化服务版块主要以养老服务驿站为平台，以社区老年人流量为资源，吸引社区周边服务商加入，整合社会资源，为社区老人提供实惠的便民、康护保健等服务。包括理发、修脚、买菜等便民服务，就餐、家政等养老服务，中医、理疗、肠道保健等健康服务，全托、半托等托老服务等。

3. 互助养老服务内容

目前瀚丰运营的通州养老驿站的特色服务项目主要包括以下几个方面。

（1）“健康指导”服务。为老人提供“健康体检 + 心理疏导 + 体感游戏”等服务。“家庭卫士”为一些身患疾病与慢性病的老年人提供“家庭医生 + 健康药站 + 中医推拿”等服务。“中医调理”主要运营项目有中医推拿、拔罐诊疗、艾灸、刮痧、正骨、经络疏通、脊柱调理、偏瘫康复、三高调理等康护项目。

（2）“托老服务”。通过“驿站 + 嵌入式”微型养老院，在润枫领尚社

1　根据统计，截至 2019 年 7 月 3 日，瀚丰养老驿站“刷老年卡—享 1 元早餐”的助老爱心早餐服务开展 22 天，共为 1534 人次老年人提供了优惠早餐，有 195 位 60 岁以上的老人受益。

2　在笔者调研时，王姐已经招募了一支 50 多人的志愿者队伍，准备下一步将这些人分类培训，安排任务。根据她介绍，目前的社区志愿者团队主力全是党员，现在已经组建了知青团队、党员先锋队、爱心助老队等多支队伍，将老年人的兴趣爱好发掘出来，来丰富他们的精神生活。

区里租有一个 200 多平方米的楼房，专门为术后和失能老人提供康复护理型的托老服务。笔者调研时已经试运营三个月，做了三期康复护理培训和体验服务，有慢性病的亚健康老年人及康复疗养的老年人和患者共 20 多人参加。

（3）超市服务。针对社区周边配套服务不健全、居家老年人购物难、代购需求大的问题，驿站开设了助老超市，极大地改善了老人长期多买多存且购物远的状况，驿站工作人员也为老人提供免费配送到家业务，让老人足不出户可通过微信、电话，轻松居家购物。助老超市种类齐全，商品质量好，还新增了生鲜主食项目，保证了社区老人们每天都能买到新鲜健康的食材。

（三）案例小结

瀚丰居家养老服务中心注重品牌建设，引入互助 + 商业思维，战略方向清晰，其经验值得其他养老驿站借鉴。但是北京瀚丰养老驿站也面临着人员不稳定、与国有企业竞争能力不强、政府信任度不足、离开政府补贴后的可持续发展等困难。

三、大连义工组织互助养老实践

面对人口的老龄化、高龄化，大连市义工组织自发组织开展了各类面向老年人的志愿服务活动，大连湾义工站即是其中的典型案例。大连湾义工站正式成立于 2007 年，在大连慈善总会的领导和指导之下，大连湾义工站自我探索建立了规范的组织架构和管理制度。经过十余年的发展，情暖空巢、四帮一、义工田、义务理发、亲情关爱、邻里情、逝者安、爱心车队、慈孝躺椅等项目都是互助养老的服务内容和体现。

（一）大连湾义工站模式的发展过程

大连湾义工站正式成立于 2007 年，其成立离不开核心人物——站长王长锁的付出与坚持。根据王站长介绍，他从年轻时就很愿意帮助别人，比如 1994 年他资助了沂蒙山区的两个女童上学，一直供她们读到大学。2006

年，王长锁通过看报纸的方式了解到义工的存在，于是自己也申请注册成为了一名义工，自行或者跟随义工队伍去清除街道电线杆上的小广告、给老人理发照相等。后来街道工作人员了解到王长锁做的义工服务以后，把他的事迹材料上报给街道，王站长获得了优秀共产党员表彰。2007 年，街道负责人找到他问其是否愿意成立大连湾街道义工站，他就同意并且着手组建。在大连湾义工站成立初期，义工成员发展较慢，直到 2008 年，伴随北京奥运会以后我国对志愿服务的倡导，整个大连市亦提高了对义工志愿服务的重视程度，并进行了大力推广，大连湾义工站也进入较快发展阶段，义工成员数量迅速增加。

目前，大连湾义工登记信息较完整的会员数量为 413 人，组建了义工田、义务理发、亲情关爱、邻里情、情暖空巢、逝者安等 13 个项目组，下设大连湾村等义工分站，共同构成了较为完善的大连湾义工站服务体系。

（二）大连湾义工站模式的运行机制

下面将从互助养老的资金来源、组织运行、服务内容三个方面，具体介绍大连义工组织的互助养老模式。

1. 互助养老资金来源

大连湾义工站主要是自我筹款、自我管理，义工站的资金主要来自义工站内部的自我捐赠，如义工站的主要领导出资，或者义工们进行 AA 制。王站长带头出资成立了万元基金供义工站活动，万元基金除由义工站主要负责人出资以外，其他义工亦采取自愿捐赠的方式为基金注资，供义工站开展义工活动。

大连湾街道为义工站提供了办公地点，并通过活动报销的形式每年拨付少量资金，大连慈善总会也会给他们发放义工服以及开展活动所用的部分小礼品。

2. 互助养老组织运行

大连湾义工站在每月 5 日及 25 日会固定开展活动，每月 5 日开展环保活动，每月 25 日开展敬老活动，每次活动人数约为 50 人。在微信没有普及之前，主要负责人会提前开会进行活动策划，除特殊情况，一般会员不需要再进行通知，大家都会在这两天来办公室集合。现在有了微信群，一般会在微信群里提前一天通知第二天的活动。除常规活动之外，大连湾义工站还会根据时政热点或突发事件开展相应的特殊义工活动，在每次义工活动后，大连湾义工站都会进行及时总结，并对下次活动进行安排。

大连湾义工站近几年的活动主题包括环境保护类、助残帮困类、关爱儿童类、照顾老人类、政策宣传类、文体活动类和其他类等，共计 7 类活动主题。

3. 互助养老服务内容

大连湾义工站的品牌活动有以下几种。[1]

（1）义工田。项目开始于 2007 年。义工田是大连湾义工站与大连湾敬老院共同开辟的菜地，把敬老院周围没有开发的 4 亩地进行整理开发，种植果蔬，等收获以后再送给老人。义工团在开始种植之前会与敬老院一起进行民主商议，决定种植的果蔬门类，然后在种植过程中进行播种、除草、采摘等管理。经过 10 余年的时间，这块菜地共收获各类蔬菜水果 3 万余斤。在 2017 年敬老院扩张以后，菜地被占用变成房屋用地，义工又在剩下的土地上建了小凉亭，在空闲区域栽了一些花草树木，闲暇时候会去栽花除草。

（2）义务理发。该项目开始于 2007 年。项目组一共有 7 名成员，他们在每月 25 日到敬老院给老人义务理发，包括洗发、剪发和剪指甲。同时，项目组里的成员与本街道的困难家庭亦结成对子，每月 15 日进行上门义务理发服务。

（3）亲情关爱。项目开始于 2008 年。义工与老年人结成对子，平时会到老人家里探望、帮助老人收拾卫生。

（4）邻里情。项目开始于 2010 年。与亲情关爱类似，义工与居住距离近的需要帮助的邻居家庭结成对子，进行一对一或一对多的邻里之间的相互帮助，迄今为止已结成十五六个对子。如一位志愿者已经帮助自己的邻居（一位 80 多岁的老奶奶住户）缴纳了 23 年的水电费，平常也会帮一对忙于上班的夫妇照顾正在上幼儿园的孩子，他们如果下班晚了，她就帮忙

1　这些项目有些内容相近、交叉进行，主要是根据当年大连慈善总会统一开展的活动项目增加或设计。

接孩子到自己家里先玩一会儿。

（5）情暖空巢。义工站从大连湾街道的空巢老人当中选取了老人患有疾病、身体不好、卫生无法收拾的14个重点户，安排义工每月到1户老人家里进行上门服务，有的老年人因为家里实在没人照顾，义工们每月也会上门2次。一般是7～8人为一组，去一个上午。自带工具，帮助这些老人打扫房间卫生，如拖地、擦窗户、收拾、倒垃圾等。

（6）逝者安。该项目也是义工站的特色项目，从2007年到2018年底已经为140余名老人提供服务。该项目组组长原先在辽渔集团退休办工作，对老人的丧葬后事比较了解。在他退休之后，就开始在义工站负责逝者安项目。这个项目既帮助逝者家庭节约丧葬费用，也解决了老人在比较特别的时间去世时，寻找办理丧葬服务的专业机构困难的问题。逝者安的服务对象以大连湾街道的住户为主。逝者安项目组长从2008年开始对服务对象情况进行登记，记入档案，然后上报给义工站站长。记录内容包括：逝者姓名，去世年龄，逝者家庭，逝者生前饮酒时长等。丧葬费用并非免费，但也是象征性的，主要是为让逝者家属安心。另外，因为义工们的无私奉献、经验丰富，也起到为因丧葬而起争执的家庭调解矛盾的作用。如一位老人去世后，这家的儿子们在争论到底是哪家照顾死了老人，并且为此不愿意承担丧葬费。在义工站逝者安项目组的调节下解决矛盾并圆满安葬了老人。逝者安项目组了解大连市颁布的要求火葬、葬礼不得大操大办的法律后，也向帮忙承办丧葬的人家宣传新法律，说服逝者家属办理新式葬礼。

（7）爱心车队。爱心车队主要针对残疾人和老年人，帮助接送老年人洗澡、理发。在2019年课题组调研时，他们也正在计划开展如“家乡游”之类的活动，将爱心车队成员与平时出行困难的老人结对子，带他们参观大连市区，让这些老人了解大连市的变化。

（8）慈孝躺椅。这个项目主要通过在大连湾义工站的服务小区内募捐，募捐款项用来帮助小区更换躺椅，然后成立孝慈躺椅项目组，定期去巡视躺椅的磨损情况，发现有掉漆掉层的、损坏的躺椅，向义工站汇报，义工站进行修缮。

（9）助残帮困。为残疾人和低保困难群体提供一定的助残帮困服务，在过年过节时看望他们，提供力所能及的帮助。

（10）关爱老人。在特定节日如春节、重阳节组织老年人，给老人播放电影。在下雪时，清理道路，方便老人出行，帮助老人打扫院子。

（11）环境保护。这个项目组人员队伍最庞大，主要服务内容是组织义工清扫街道垃圾，铲除小广告等。各村的义工分站也会在每月5日参与。义工还会将自己不用的废品以及可回收的废品进行售卖，换取的资金全部捐给义工站。

（12）关爱下一代。为小学生提供寒暑假辅导。高校学生志愿者作为辅导老师，义工站提供办公室和照看。

（13）腰鼓队。组织腰鼓表演。

此外，其下设机构——大连湾村义工分站目前开展的活动项目主要包括“一张纸”活动、“四帮一”服务、殡葬服务（红白理事协会）、上门无偿医疗服务等四项，主要针对的是农村老年人群体。

（三）案例小结

在社会养老资源相对匮乏的社区，这种依靠自上而下指导、自下而上实施的由义工自发组织帮助本社区/村老人，是城市互助养老的一种重要形式。大连湾社区义工站的发展离不开大连慈善总会的领导和义工站的规范化、圈层化管理，离不开扎实落实每一项服务的付出，更离不开站长王长锁这一关键人物的引领和带动。虽然大连湾街道义工站有很多特点与优势，但是也存在很多难处，包括政府、社会的不理解以及自我发展的局限等。

四、上海“老伙伴计划”互助养老实践

“老伙伴计划”是上海进行互助养老创新的一种典型模式，已经形成了颇具特色的补充/支持家庭养老的互助养老体系。2018年，上海“老伙伴计划”项目经费3600万元，直接服务高龄老年人的费用为每人每年180元，全市有4万名低龄老年志愿者为20万名高龄老人提供服务。同时志愿者享有政府购买的“银发无忧”保险。目前，“老伙伴计划”在探索进行志愿“时间银行”，对于低龄老年志愿者的志愿服务时长在时间银行系统中进行累积。

（一）“老伙伴计划”模式的发展过程

从2012年开始上海市便提出《关于开展2012年市政府实事项目“为10万高龄老人提供家庭互助服务”的通知》，即“为10万高龄老人提供家庭互助服务”项目，简称上海“老伙伴计划”。该计划是以结对互助的方式，由低龄老年志愿者向高龄老人提供家庭互助服务，其内容主要以“健康生活方式”为主题，开展预防失能、健康科普、精神慰藉等家庭关爱和生活辅助服务，预防或降低风险发生的可能性，提高高龄老年人的生活质量和促进社会交往，希望以社区成员之间的关系为纽带，开展社区与家庭生活密切相关的互助服务，同时增进社区关系。同年上海市政府推出《关于开展2012年市政府实事项目“为1000个低保困难老年人家庭提供居室适老改造服务”的通知》，开展“为1000个低保困难老年人家庭提供居室适老改造服务”项目，帮助上海市低保困难老年人家庭改善居住条件和生活质量，从而降低老年人由于经济环境差而发生意外事件的概率，改善老年人生活环境并建立社区关怀体系，引领困难老人回归社会。

到2014年上海市民政局推出《关于做好2014年“为15万名高龄独居老人提供家庭互助服务”项目的通知》，与“老伙伴计划”有机结合，将为老服务做实做细，同时开展各式各样的社区老龄活动以进一步发挥社会组织的作用，充分调动广大社会力量参与，全力营造养老、助老的社会氛围。以上两项计划在2017年被进一步完善，上海市政府依次颁发了《关于继续开展“为15万名高龄老年人提供家庭互助服务”的通知》《关于开展2017年“为20万高龄老年人提供家庭互助服务”和“为1000个低保等困难老年人家庭提供居室适老改造服务”的通知》《关于做好2017年社区老年人示范睦邻点申报有关事项的通知》等文件，其中“老伙伴计划”将高龄老年人服务对象扩大至20万人。2018年上海市政府颁布《关于开展“老吾老计划”第一批试点工作的通知》，在过去两项计划的基础上继续推行“老吾老计划”作为补充。该项目主要依托社区养老服务设施和机构，以家庭成员培训的方式来帮助失能老人家庭养老，通过社区养老机构提供的支持性服务以缓解目前失能老人家庭养老负担。

（二）“老伙伴计划”模式的运行机制

上海“老伙伴计划”在市级层面进行了统一的设计，而在具体的实施上各个街道根据自己街道的实际情况采取了不同的模式。基于笔者 2019 年的调研，划分了三种不同的模式，其资金来源、组织运行、服务内容略有不同，故先将三种模式结合典型案例介绍如下。

模式一 专业社会组织孵化社区自组织。该模式是由专业社会组织孵化社区自组织进行自我管理与服务。社会组织中的社工在社区中发现社区原有的资源与需求，重点挖掘出低龄老年志愿者的人力资源，进行资源的连接，孵化和培育自组织，实现社区的自我管理与服务。社区自组织在专业社会组织社工的帮助下，逐步学会规范化管理和连接外部资源。

互助小故事——陈阿姨的互助经历

陈阿姨今年 68 岁，从 2015 年开始加入“老伙伴计划”。她现在是小区里老年协会的会长，也是会计，成为会长已经两三年了。她年轻时在单位上做档案工作，在 50 岁的时候退休了，后来在景观设计公司做了 8 年，之后正式退下来，在小区里工作。在成为会长之前，她一直是小区志愿者。她把自己的结对老人当作家人来看待，跟结对老人之间的关系非常好。有一位结对老人现在已经 96 岁了，精神一直很好，独生女儿在澳大利亚工作，她把这位结对老人当作自己的母亲一般，经常买东西看望老人，老人也经常到她家里来坐坐。她知道这位老人平常喜欢唱歌，就组织了其他人在老人家里开音乐会，她也经常带老人出来看看演出、参加活动。

模式二 社区能人动员社区自组织。该模式是由街道选择社区能人进行组织管理。街道利用社区能人，让社区能人发挥自身力量发展和组织志愿者。以岳阳街道为例，岳阳街道是松江区辖街道，位于区境中部。辖 26 个居委会，常住人口 112671 人（六普）。“老伙伴计划”由社区能人进行组织和管理。在组织方面，负责人张阿姨发挥自身的带动和模范作用，以身作则，以自身的奉献精神感染他人，规范志愿者的服务。张阿姨原先是铁路局的职工，2006 年退休后在社区的要求下回到社区，在社区中组织成立了歌舞团——“春之乐”团队。基于社区中原有的低龄老人志愿者队伍，

2012 年 3 月岳阳街道的“老伙伴计划”由她负责开始运行，初期共有志愿者 155 位，目前已经发展至 272 人，结对老人 1363 人（80 岁以上老人共 287 人）。

在管理方面，负责人对街道内志愿者和结对老人进行建档，并对其信息进行实时更新。负责人负责招募志愿者和筛选结对老人，其低龄老人志愿者招募按照“嘴甜腿勤能奉献”的标准，由区里为志愿者颁发聘请书，而其筛选结对老人主要考虑 80 岁以上高龄老人以及独居失能老人。按照上级要求，一位志愿者结对五位老人。负责人将 26 个居委分为 5 个片区，由组长负责进行主题活动，每月 25 日组长定期开会。每月 10 日，街道的志愿者们进行统一的交流与学习，汇报服务老人的身体状况。同时，于 2015 年建立了微信群。志愿者上门服务需要手动进行简单的记录。由于老年人使用移动设备不便，举办活动时主要靠志愿者挨家挨户上门通知。而对于遇到困难的志愿者，由负责人组织进行上门慰问。

互助小故事——大火无情人有情

2019 年 7 月 18 日容乐小区因为突发事件着火了，7 月 25 日容乐小区的“老伙伴计划”志愿者组织募捐。73 岁的万阿姨管理着容乐小区的老伙伴志愿者群，她说大家都特别有奉献精神，可以看到老伙伴志愿者微信群里的每个人都捐了钱，其中书记带头捐了 500 元。她说虽然小区里着火了，但是因为募捐大家都觉得很温暖。

模式三　依托老年协会组织动员。该模式是由原有老年协会进行承接和管理。上海市大部分街道的“老伙伴计划”由原有的老年协会进行承接。上海各区县均有老年协会，在各个街道有老年协会分会。老年协会主要负责组织老年活动。老年协会在承接“老伙伴计划”后，按照项目的要求发动社区中一定数量的低龄老人成为志愿者，并进行管理和指导。

互助小故事——志愿者帮助了心结

有一位老先生自己有一处房产，他有两个儿子、一个女儿。他跟志愿者表示想要志愿者帮他写遗嘱，志愿者拒绝了并建议他到公证处立遗嘱，但是他考虑到公证处需要花钱不想去，于是志愿者帮他想办法解决。他希望志愿者能够帮他把三个孩子叫来一起协调，由志愿者做他们的思想工作。志愿者觉得这样反而容易产生矛盾，于是志愿者分别同老先生的三个孩子进行了沟通。最后老人的女儿表示明白父亲的愿望，自愿放弃遗产，老人的心病就此了结。

1. 互助养老资金来源

表 3–1　上海“老伙伴计划”互助养老资金来源

模式	资金来源
模式一	主要来源于政府项目拨款与社区自治金
模式二	主要来自政府项目拨款
模式三	经费主要来自两个方面，财政支出、企业捐赠。“老伙伴计划”本身为政府购买项目，以年为单位进行招投标。基金会与静安区老年协会属于“两块牌子，一套班子”。“老伙伴计划”部分运营费用从基金会申请

2. 互助养老组织运行

该计划主要由上海市民政局主导，市社会福利彩票公益金出资，各级街道、社区和社会组织具体运作，志愿者参与实施。在市级层面由专业社会组织对服务标准、服务方式、服务规范等进行统一设计，并通过培训向区县层面中标的各级街道、社区和社会组织进行递送。区县社会组织在社区层面通过组建和培训低龄老人志愿者队伍，培育和发展出社区中的互助组织，从而在社区中落实服务。而由于各街道实际情况不同，在实践中主要发展出了外来社会组织引导型、社区能人负责型和本地老年协会承接型这三种不同的形式。

3. 互助养老服务内容

模式一　金杨新村街道“老伙伴计划”由上海市浦东新区乐耆社工服务社承接，对社区中高龄独居老人提供上门聊天服务或者电话联系，一周三次进行精神慰藉。同时，将“老伙伴计划”和该社工机构开展的“夕阳乐园”结合起来，夕阳乐园活动室每天定时开放，对居民区 60 岁及以上老人提供服务。此外，“老伙伴计划”志愿者带领结对老人也在夕阳乐园中参与文娱活动、听科普讲座、接受谈心咨询、接受医疗保健、接受老年教育和便民服务，等等，鼓励结对老人走出家门、丰富自己的生活。夕阳乐园活动室提供低偿的便民服务，其中理发 2 元、修伞 3 元、修鞋 3 元、磨刀 2

元。除此之外，很多志愿者与高龄老人之间建立了深厚的感情，志愿者们会主动根据老人需求为老人服务。

模式二　岳阳街道的“老伙伴计划”为结对子老人提供精神慰藉服务、洗衣服务（洗衣机）、代缴水电费、帮忙打扫卫生、帮忙买菜、剪指甲、帮忙联系维修、量血压、讲解用电安全、普及防诈骗知识，等等。此外，志愿者积极发挥自己的特长和优势，为老人提供理发等便民服务。“老伙伴计划”也同睦邻点活动结合起来，例如组织老人们自己动手包粽子、煮汤圆；母亲节给结对老人送花；过年组织结对老人吃年夜饭，志愿者上门给结对老人贴福字；带结对老人体验有轨电车；夏天给老人送绿豆汤等。同时，负责人负责管理社区中的老年活动室，并定期在活动室组织活动。老年活动室每天11:30—15:30对老人开放，配备空调，老人可以在活动室中聊天、打牌，志愿者平时也可以带结对老人过来。

模式三　静安区为结对老人提供精神慰藉，同时防范安全风险，例如陪老人聊天、给老人读报纸、帮老人联系物业，等等。志愿者和被服务老人由于年龄相近、文化背景相近而经常交流，在这个过程中建立了家人般的感情。平常假如有天气变化，志愿者会提前主动去老人家里告知。虽然项目要求志愿者每月服务四次，但除此之外部分志愿者会经常自发性地探望老人。许多志愿者使用自己的补贴为结对老人“送温暖”，例如夏天送西瓜，冬天送苹果等。同时，“老伙伴计划”统一组织在夏季和冬季给结对老人送绿豆汤、冰糖等。“老伙伴计划”也与“老年乐园”“乐龄有伴”等其他老年项目相结合，志愿者平常带老人参加一些居委会和综合为老服务中心提供的服务，例如各类科普讲座、各类实践活动以及修脚、理发、量血压这类便民服务等。例如静安区沪太路1170弄社区活动中心的日程安排：周一组织聊天、谈心与太极拳，周二组织读书、看报与舞蹈，周三组织血压测量与合唱，周四组织手工、戏曲与编织，周五组织谈心、聊天与交谊舞，周六组织影视活动，周日组织乐器与乒乓球。部分志愿者自发地将平常参加老年人比赛的奖金作为活动经费，每月开展小组活动——“月月乐”，包括一同制作香包、送水、陪同看电影、给老人表演节目，等等，鼓励结对老人多多走出家门参与活动。

（三）案例小结

上海“老伙伴计划”主要有以下特点和经验：一是政府给予稳定的资金支持；二是专业社工机构发挥管理、督导、服务、评估作用；三是因地制宜，充分挖掘社区自组织力量；四是“引出来，走进去”，重建社区关系。但同时“老伙伴计划”在实施过程中仍然存在人员、资金和技术的限制。

五、中国城市互助养老模式总结

互助养老受到政府推动与组织内生动力的共同影响，有多种划分方式。本书主要从资金、组织、服务三个方面进行总结。从资金来源角度，可以划分为福利型、公益型、经营型、“福利 + 公益型”“福利 + 经营型”“公益 + 经营型”“福利 + 公益 + 经营型”。[1] 从互助组织角度，按照组织主体可以划分为社工组织主导型、社会企业主导型、社区互助组织主导型、个人主导型。从互助服务角度，按照服务者可以划分为互助交换型、无偿服务型、低偿服务型，按照被服务者可以划分为互助交换型、无偿获得型、低偿获得型，按照服务地点可以划分为社区居家互助和机构互助，按照服务内容可以划分为精神慰藉类、生活照顾类、文化娱乐类、康护保健类、助餐类等。受篇幅限制，一些案例没有放在前文典型案例中，只在本部分简略提及。

（一）按照资金来源划分

互助养老可持续运行的重点是资金，和将非正式互助网络正式组织起来，建立组织—服务—评估的制度机制。也就是说，资金、组织系统、服务系统、评估系统是维持互助养老系统可持续运行的关键部分。资金是整个系统可持续的基础，同时与组织、服务和评估系统相互影响，所以本节先从资金开始分析。从资金来源来分，可以将互助养老划分为福利型、公

---

1 刘妮娜 . 互助型社会养老：乡土模式的理论与实践 [M]. 北京：社会科学文献出版社，2020.

益型、经营型、“福利＋公益型”“福利＋经营型”“公益＋经营型”“福利＋公益＋经营型”七种类型。

城市互助养老的形式比较多样，但是互助内容相对来说较少，存在局限，以精神慰藉和帮扶济困的志愿服务为主，资金主要用于管理人员和服务人员的薪资或者补贴、交通和用品等花费。需要说明的是，在本书中，除了是明确的会员制的企业之外，其余的市场化的养老服务部分不算在城市互助养老当中。

从现有案例来看，城市互助养老大部分是政府购买社会组织服务的形式。

纯福利型是依靠政府购买服务而开展的，上海“老伙伴计划”、北京爱众慈孝家园社区互助式养老项目、南京桃园居时间银行都是政府购买服务项目。

纯公益型的资金主要来自义工自筹、捐助等。在笔者调研案例中，只有大连市大连湾街道义工组织是纯公益型的，当然，它也会受到一些政府的支持，比如免费使用的大连湾街道的办公室、大连慈善总会的义工服和活动礼品。但相比较来说，大部分经费还是靠义工筹集，政府对他们的活动干预也比较少。

“福利＋公益型”的资金来自政府和社会捐赠。南京姚坊门时间银行、广州南沙时间银行的资金主要来自政府购买服务，但也成立了慈善基金会来接受社会的捐赠。

经营型的资金来自社会企业的经营收费。在笔者调研的案例中，只有成都馨挽秋“窝窝计划”属于纯经营型，由企业通过招募、老伙伴相互介绍等方式发动老年人加入“窝窝”，除了吃饭是自己点餐之外，“窝窝”的其他项目均由老人 AA 制，通过这种方式来保证“窝窝”的持续运转。另外，其他一些社会企业也在探索增加经营的部分，但是因为仍然在计划之中，所以这里没有把它们列入经营型。另外，像上文所说的那样，没有明确会员制的社会企业中的市场化服务部分不算作互助养老，比如瀚丰的康复护理、超市等业务。

（二）按照互助组织划分

建立互助组织是保证互助养老可持续运行的关键。互助组织的形式可以是多样的。从组织主体的角度，可以分为社工组织主导型、社会企业主导型、社区互助组织主导型、个人主导型[1]。

在城市模式中，组织类型以社会企业或社工组织占多数。社会企业的组织功能以综合型为主，有的形成紧密型——会员制，有的是松散型。社区互助组织以老年协会为主，主要开展文化型活动，属于紧密型组织。另外，笔者在调研中也发现，大多数城市社区里已经在社区组织或群众自发的基础上形成了各种各样的社区互助组织，如歌舞队、书画社、志愿者队伍等。这些组织基本上都有自己的微信群，成员在其中可以很方便地进行沟通和交流。但多数的社区内部组织的活动还是停留在文化娱乐或者节日慰问等方面，流于形式，真正形成了互助服务机制的只有一小部分社区。

1. 社会企业主导

社会企业主导型经营的服务是多种多样的，提供面向所有老年人的包括精神慰藉、家务保洁、个人清洁护理、健康服务、助餐等综合型的服务。笔者认为，由社会企业来运营是未来互助养老的重要发展方向，企业具有政府和社会组织所没有的竞争动力和市场活力。一方面，互助养老部分可以利用企业原有的经营网络、机制和规则，另一方面，市场养老部分也可以利用互助的板块来吸引和留住顾客。实现方式可以是企业让渡一部分利润，履行社会责任；也可以是企业联合政府的福利资金、社会公益资金，让老年人可以用他们承担得起的价格来购买互助服务。但目前大部分的社会企业仍然在探索之中，面临着很多问题：一是会员制在政治上比较敏感，二是承接政府项目的社会企业 / 社工组织，担心进行市场化的经营会影响政府形象，三是不少社会企业是从社工组织转型过来的，缺乏管理企业的经验。总体在政府没有明确表态支持以及缺乏经验的情况下，进展比较缓慢。

1　由个人组织（运营）的模式处于过渡阶段，既没有在民政部门备案或登记注册，也没有处于社区、村“两委”或者其他单位集体的管理之下，其合法性地位还没有得到确定，这亦是未来需要探讨的。这里先不列入。

2. 社工组织主导

和社会企业相比，社工组织对政府资金支持的依赖性更强，他们主要帮助政府落实福利服务，服务对象虽然包含了全部老年人，但主要还是针对救助性的高龄、独居、生活困难的老年人，服务内容包含了文化娱乐、保健、上门探望、临时帮助等。但是也有一些社工组织，如南京姚坊门时间银行在运营社区养老服务中心时，会面向全体老年人提供综合型的服务，这类社工组织也处于向社会企业过渡的阶段。

3. 社区互助组织主导

社区互助组织由于本身就是社区居民组织，扎根在社区当中，而且受到社区党委的领导，如老年协会、义工组织等，所以主要通过社区原有的志愿者、组织成员来提供互助志愿服务。一般来说，他们的服务对象集中在社区高龄、独居 / 空巢的困难老人，经费受到当地政府对于社区互助组织的支持政策的影响。如上海市建立的市、区、街道、社区（分会）四级老年协会，全部是在民政部门注册的社团组织。静安区老年协会承接了静安区“老伙伴计划”项目，利用自身的社区（准）行政型互助组织的优势，和社区一起发动志愿者提供互助服务。

（三）按照互助服务划分

互助服务从互助内容角度来看，目前开展第一的是文化娱乐活动，第二的是上门探望（精神慰藉），第三的是家务整理、个人清洁护理等劳务型服务，第四的是助餐服务，第五的是康护保健、旅游等其他类型服务。与社区互助组织主导型相比，企业主导型不仅聚焦于互助服务，还利用互助人员（互助志愿服务队伍）辅助开展低成本的老年人就餐、康护保健等市场型服务[1]。

在城市模式中，一些社区 / 街道自主开展，或通过引入社会组织（企业）、购买社会组织（企业）服务来营造社区、提供养老服务。一般由社会组织（企业）主导，社区互助组织配合，或者由社区互助组织主导，开展

1　需要说明的是，由于城市社区的虚拟自治特点，很多城市社会企业没有明确界定非营利、会员以及民主参与、民主决策等说明互助组织属性的内容，其提供的专业性的市场化服务部分不算在互助养老中。

文化娱乐、结对帮扶、日常巡视、节日慰问等互助养老活动。

对于助餐、生活照护类服务，因为一些城市以前有过社区办老年餐桌、托老所的失败经历，所以现在城市养老服务的发展策略仍然是市场化、专业化、规模化、连锁化，同时政府给他们一定的补贴。笔者认为，从就餐的角度来看，市场化、规模化的集中配送有着低成本、高效率的好处，但是社区内部主导的、多样化的餐饮服务也有着降低成本、社区营造等重要的价值，根据当地的不同情况也值得提倡。

在生活照护方面，一方面，目前政府、社会普遍认为交给家庭和市场会更有效率。另一方面，受传统和西方志愿服务观念的影响，多数地区的互助养老还停留在无偿服务的层面。但从实际的生活照护服务的开展来看，受老年人观念、购买能力的限制，市场化服务超过了多数老年人消费承受范围，而互助服务可以满足老年人的需要，而且在实践过程中，愿意从事劳务型互助服务的互助志愿者也是可以动员起来的。有社区负责人就提到，“社区里有志愿者队伍，他们也非常积极、热情，但是总让他们无偿干活儿，真的不好意思，如果能给一些补贴，我们可以把他们组织起来开展更多的照顾和服务”。

1. 精神慰藉

因为不同地区的社会养老服务体系建设思路有差异，如上海、南京等地区的上门探望等精神慰藉类服务与居家养老服务是分开的，上海“老伙伴计划”划在支持家庭体系中，南京姚坊门时间银行亦是以助餐和文化娱乐、上门探访服务为主，临时性的家务帮助为辅，政府购买居家养老服务由其他社会组织承接。所以不少地区的互助养老局限于文化娱乐、上门探访、陪同聊天等服务。

2. 居家照护

有的社会组织则不仅承接政府的上门探访、社区营造项目，也承接了居家养老服务项目，如四川益多公益在芦山承接的项目。互助养老中的居家照护服务主要是由社工组织或社会企业自发 / 承接政府购买服务项目，通过互助志愿者或专业服务人员与互助志愿者相结合的形式，为街道或社区中生活困难的高龄、独居、生活不能自理老年人提供服务。

3. 助餐

互助养老中的助餐服务主要包括四种形式：

一是社区举办，如烟台市芝罘区大海阳社区成立“壹家”食堂，从社区招募志愿者义务为老年人做饭，包括买菜、洗菜、择菜、做饭、收拾卫生等。志愿者无偿服务，老年人每餐费用在4~5元。同时，社区建立“志愿服务攒积分+消费积分换服务”的模式，志愿者工作有相应积分，消费也有积分的价格。如老年人享受爱心午餐，除了支付每餐费用外，还需要消费“10志愿服务时”的积分。

二是社区社会组织举办，如浙江省安吉县昌硕街道天目社区的老年协会于2013年9月开办老年食堂，每周一到周六供应午饭，每餐7~8元。目前在食堂用餐的老人有20~30人。除了日常收入，加上政府补贴基本能维持开销且略有结余。

三是社会企业利用互助志愿者与专业服务人员相结合，提供低于市场价格的餐食服务，如桃园居时间银行的互助志愿服务与专业服务项目结合在一起。1元早餐项目，由1名专职人员每天早上4点过来准备粥、豆浆和鸡蛋，老人们吃完他帮忙刷碗筷，2名志愿者则是轮班执勤，每天早上6点半过来帮忙维持秩序和发放早餐。

四是社会企业招募互助小组会员，然后实行共餐制。如成都馨挽秋贴身老年服务中心的“窝窝计划”聚焦于高龄空巢老人组成互助小组，提供有偿的午餐等各类特色服务。

第四章　中国农村互助养老实践

与城市互助养老的相对零散开展相比，农村受经济、社会、人口、地理、历史等因素影响，反而具有发展互助养老的天然优势，不少地区探索建立了县级统筹、层级推动的圈层化的互助养老服务体系。本章主要介绍上海睦邻“四堂间”、河北孝道村、广西宜州老年协会以及四川“益多公益”探索的互助养老模式。

一、上海农村睦邻“四堂间”互助养老实践

2014 年，睦邻“四堂间”在上海市奉贤区开始试点。所谓“四堂间”，即吃饭的饭堂、聊天的客堂、学习的学堂、议事的厅堂。其目的在于鼓励低龄、中龄、高龄农村老年人都能走出家门，参与到村庄活动、议事和村庄建设中来，达到促进老年人积极老龄化、健康老龄化和建设睦邻友好社区的目的[1]。

1　奉贤区地处上海市南部，全区行政区域土地面积 720.44 平方千米，截至 2017 年末，全区共有 8 个镇，2 个街道，1 个社区，175 个村民委员会，116 个居民委员会，南桥镇为区政府所在地。根据上海市统计年鉴，截至 2017 年 12 月 31 日，奉贤区全区户籍人口 53.63 万人，其中 60 岁及以上老年人 16.70 万人，占全区人口的 31.14%。笔者于 2016 年 5 月和 2019 年 8 月到上海市奉贤区青村镇李窑村调研。调研方法主要包括个案访谈法和小组座谈法，调研对象为村两委负责人、堂主以及参加睦邻四堂间活动的老年人。

（一）睦邻“四堂间”模式的发展过程

2014年，上海市政府就正式提出“睦邻点”一词，并逐步增加睦邻点的数量，睦邻点可以推动邻里互助服务，打造邻里互助圈，发展非正式照料服务。以奉贤区政策为例，2014年10月首先在奉贤区进行试点，鼓励引导有条件的农村地区，以自愿、自发、互助、互帮的形式，开展农村宅基睦邻“四堂间”养老服务，实行农村宅基区域内老年人的居家互助。2015年奉贤民政工作要点提出要探索远郊农村养老服务新模式，试点推行农村宅基睦邻“四堂间”助老服务建设，开展农村“长者照护之家”试点工作。据奉贤民政工作总结显示，2015年奉贤区即已完成了25家农村宅基睦邻“四堂间”创建，为老年人提供助餐、文化娱乐、精神慰藉等居家服务。

案例：如调研中一个睦邻“四堂间”建设的资金支持情况：上海市民政局拨付1万元、奉贤区财政拨付1万元，奉贤区区老年基金会拨付1万元。此外每年有大约1万元的保底运营经费，包括奉贤区拨付5000元，镇民政拨付5000元。

伴随农村睦邻“四堂间”的大范围铺开，以及上海市互助养老（支持家庭计划）的整体规划，在2017年之后，睦邻“四堂间”亦采取政府出资建设、村“两委”负责、专业社会组织提供技术指导的方式，由区政府招标的专业社会组织对睦邻“四堂间”提供技术支持和赋能、管理、评价。截至2018年底，奉贤全区177个行政村，已创建农村宅基睦邻“四堂间”321家。

案例：上海市奉贤区通过区民政局招标的新途健康促进社对堂主课程、开展活动、社工技巧等进行培训，发放睦邻点上课资料。区民政局委托第三方机构对睦邻“四堂间”进行评估，区、镇两级政府对优秀的睦邻“四堂间”进行奖励。

（二）典型案例分析

上海青村镇李窑村的睦邻“四堂间”就是在村两委的支持下，以村民小组为单位建设的，集就餐、老年活动、宅基课堂、民情收集、老年人志愿服务、调解等各种功能于一体的村民活动点。

1. 互助养老组织运行

睦邻“四堂间”的组织运行一般交由村里，由村两委出资租用闲置的农村宅基用房，配备必要的厨房设备、休息场所、娱乐设施等。由村两委动员村中能人成为“堂主”进行具体运作。以村民小组为单位建设睦邻“四堂间”，能够有效覆盖到村里所有老年人，同时具有较强的情感连结。而“堂主”一般是低龄老人，在村中具有一定威望，且具有一定的文化水平和良好的道德品质，乐于助人。“堂主”在接受专业社会组织的培训后对“四堂间”进行管理。在老年餐桌的食品监管上，由镇市场监督所事前参与，事中监督，事后跟踪服务。村干部对本村各小组的睦邻“四堂间”进行日常监督。堂主则根据社会组织的要求对睦邻点的活动及人员进行记录。

案例：青村镇李窑村的一位“堂主”，今年（2019年）已经71岁，年轻时曾经在村中当过幼儿园老师和妇女主任，还获得过“三八红旗手”称号。2015年，她成为了一名“堂主”，开始每周一次在由自己闲置宅基改造成的睦邻点里组织活动。后来她发现，老人们十分盼望每天都能有活动参加，于是把活动增加到了每周六天。

2. 互助养老服务内容

在服务方面，“四堂间”主要以老年人自愿、互助的形式，自我管理、自我服务、自我教育，为所在地的农村老人提供助餐、文化娱乐、精神慰藉、上门服务等养老服务。服务提供者主要包括村委派驻 / 雇佣人员、老年人互助、志愿者三类。根据笔者了解，目前奉贤区对老年人的助餐服务方式大致有三类：一是通过村委会购买社会服务，引入社会组织运营；二是通过镇政府向餐饮企业统一订餐，配送至全镇所有睦邻点；三是由本村雇佣人员负责做饭，自主运营助餐项目。就目前来看，除统一配送的方式，其他两种方式的成本相对较高，可持续性不足。

案例：笔者2016年到青村镇李窑村调研时，它在探索一个“睦邻点”开办老年餐桌，由村里出资聘请本村的妇女负责做饭、清洁等事项，主要为本村村民小组的老年人提供中餐。老年餐桌有固定的场所，配有煤气、电视、空调等，因此平常也会用这个场所搞活动，水电房租则都由村里负担。场所内的所有钥匙均交给做饭阿姨保管，因此实际上这位做饭阿姨还担任着场地管理的责任。老年餐桌经费的具体运转过程：前来就餐的老年人将钱交到村里，村里开具收据给老年人，并将上交的钱转交给烧饭阿姨，用于购买食材等。李窑村老年餐桌的收费较低，老年人花 5 元钱左右就能吃一顿午饭，有 1 荤 2 素 1 汤。老年餐桌为腿脚不方便、孤寡、子女不在身边的老年人就餐提供了便利。但是，笔者 2019 年暑假再去调研时，这个老年餐桌已经不再营业。原因一是原来的做饭阿姨胳膊摔伤，不能继续做饭，新招的厨师做饭口味不符合组里老年人的需求，老人意见比较多，吃饭的老人也逐渐减少；二是村里承担厨师工资（1800 元 / 月），只服务不足 10 名老人的用餐，成本和风险都相对较高。

从文化娱乐活动开展来看，睦邻“四堂间”开展的文化娱乐活动以定期活动为主。如青村镇李窑村的睦邻点“四堂间”的“堂主”在接受了新途健康促进社的培训和资料之后，每天组织活动，活动内容包括唱歌、跳舞、新闻解读等，有的“堂主”还会根据实际情况自主设计活动。在每周的活动结束后，老人还可以在睦邻点聊天、打牌、看电视。

从健康服务开展来看，村里与相关机构联系，有体检义诊这样的医疗服务，包括眼科或 B 超或验血或口腔或血压等多方面检查；还有养生和健康知识讲座这样的预防和知识普及服务。“四堂间”与镇社区卫生服务中心结对，每月开展健康检查服务，邀请家庭医生、志愿者为老年人健康养生授课。

此外，睦邻“四堂间”的志愿者队伍还为卧床在家、行动不便或遭遇突发情况的老人提供便民、志愿等特色服务，“老伙伴计划”中每月上门 4 次的结对服务是其中的常规化服务。如青村镇李窑村每月组织志愿者上门为老人提供理发、磨剪刀、补鞋子、修雨伞、配钥匙、洗衣服等免费服务。老年人群体还自发组织进行乡村河道治理的检查和维护工作，为“生态村组 · 和美宅基”的建设助力，充分利用老年人的富余劳动力，开展睦邻点与老年人的双向服务互助。

（三）案例小结

上海市奉贤区睦邻“四堂间”模式是对上海市“睦邻点”的创新发展，有效发动了村中能人力量，在村民小组中开展互助养老，弥补了农村居家养老服务中心覆盖率低的问题。其突出特点为：一是采用招投标的方式聘用统一的整体运营机构，二是睦邻点提倡让高龄老年人走出家庭，三是精细化到村民小组一级。但是上海睦邻“四堂间”的这种模式也具有一定的特殊性，在上海社会养老服务体系中，互助养老只属于家庭支持部分，主要是起到农村部分老年人的自我教育、文化娱乐以及巡访探望功能，社会养老服务中的家政服务和长期照护各自成体系，由其他社会组织 / 企业负责。另外，睦邻“四堂间”的建立及运营受“堂主”主观能动性及村“两委”的支持影响，局限性较大。

二、河北农村互助养老典型实践

河北省邢台市威县孙家寨村[1]由于青壮年外出务工，村庄空心化严重，孤寡、空巢及留守老人多，村民付宏伟从发起“孝心饺子宴”组织老人们聚在一起到组织义工、发展“孝道产业”，在实现村中老人互助养老的同时，发展“孝道”品牌实现收支平衡，形成互助养老的良性循环体系。

（一）饺子宴模式的发起

饺子宴发起人付宏伟是本村的一名在外工作后返乡的 80 后，2010 年付宏伟在陪父亲住院期间，体会到空巢留守老人有深切的孤独感，想到村里的一些空巢老人和个别为子不孝的现象，他萌生了回村给全村老人当孝子的想法。开始的时候，付宏伟是每月的初一、十五在村委会的大院里请全村 65 岁及以上的老人们聚餐。后来发现，老人们更乐于参与包饺子活动，因为更有节日的气氛，就把单方面的聚餐改成了老年人参与的包饺子——饺子宴。每次饺子宴，大家会给这段时间过生日的老人祝寿，附近的民间剧团、秧歌队都来演出，还有理发师给老人们义务理发。老人们围坐在一起，边吃饺子边聊天，享受相聚的快乐，享受被关怀的温暖，“孝心饺子宴”的模式初步形成。如今，“饺子宴”已走过了 10 个年头，孙家寨村已经成了远近闻名的“孝道村”，来就餐的老人从最初的十几人发展到现在的一千多

1　河北省邢台市威县孙家寨村全村共有 320 户 1238 人，有接近 1/3 的人口在本地或外地务工，65 岁及以上老人 133 人，其中包括 7 位孤寡老人以及 80 多位不与子女同住的空巢老人。

人，其中很多来自周边村甚至外县。

（二）饺子宴模式的运行

下面将从资金来源和组织运行角度介绍河北饺子宴的互助养老模式。

1. 互助养老资金来源

资金是互助养老可持续运行的基础。孙家寨村开展互助养老活动的资金主要来源于两方面：一是政府的项目支持，二是孙家寨村自身产业的经营收入。为满足本村老年人的养老服务需求，提高养老福祉，形成可持续运行机制，孙家寨村种植了 30 亩有机莲藕、100 亩有机小麦，满足自己的同时进行外销，借助饺子宴形成的光环效应，有机莲藕、“孝道面粉”等都成为孙家寨的品牌，其销售收入基本就可以满足其互助养老的支出。

案例：孙家寨每年花在全村老人身上的费用约 40 万元，为了开源节流，付宏伟承包流转 130 亩村民土地，带领乡亲们种植了 30 亩有机莲藕、100 亩有机小麦，满足自己的同时外销，借助饺子宴形成的光环效应，有机莲藕、“孝道面粉”等都成为孙家寨的品牌。他们还有由村民捐出、由义工管理的 7 亩菜园，实现菜品的自给自足。此外，村里也接受社会上的物品捐助（不接受资金捐助）。据介绍，村中的自营收入基本就可以满足其互助养老的支出。

2. 互助养老组织运行

孙家寨村开展互助养老活动主要依靠常住村中的义工以及志愿者进行。孙家寨村的孤寡、独居、贫穷老人的日常照料服务主要由村中的义工队伍提供，而每月初一、十五的饺子宴，除了本村的义工参与，本村村民、中学学生、公务员、企事业单位也会组团过来，也有县城和邻村的百姓、义工、退休人员回来帮忙。除了饺子宴那天有 50 ~ 100 名来自各地的义工过来帮忙，其他时候常住在村里的义工也有 20 人左右。

案例：利用农闲、孩子们的假期，孙家寨村会在村委会举办“孝道讲习班”，让大家都知道“百善孝为先”的道理。学员们课上学《弟子规》《中华德育故事》，使人明白家和万事兴的道理；课下进行义务送饭、扫街、给老人洗脚等实践活动，传统文化教育贯穿到学习和生活的每个环节中。为激励更多村民成为孝子，营造孝子光荣的浓厚氛围，村委会每年重阳节举办孙家寨慈母孝子评选活动，由县文明办以及乡领导颁发液晶电视等奖品，让道德模范成为农民身边的榜样、楷模。全村孝老爱亲的氛围浓厚，让孙家寨村成为了一个“没有围墙的敬老院”。

（三）案例小结

河北省威县孙家寨村形成的互助养老模式由本村村民发起推动，一方面，通过成立义工组织，充分发动村内外的义工和志愿者为村中的空巢、孤寡和贫困老人服务，宣传“孝”文化，形成“孝道田”等集体产业；另一方面，通过连接外部资源，获取政府项目支持以及社会物品资助，二者共同实现自身的可持续发展。但是饺子宴模式也受负责人动员能力的影响，面临复制推广的难题，需要政府宣传推动和组织培训，为村庄赋能并激发农村内生动力。

三、四川“益多公益”社工机构互助养老实践

成都益多公益服务中心（IDOO）成立于2008年汶川地震后，由恩派公益组织发展中心孵化，是一家关注特殊老年群体生存与发展的非营利性社会组织。2010年，益多公益开始探索“社护”（社工＋护理）模式，提出通过社工服务、护理服务和志愿服务等三大支柱，寻找适合中国的养老服务模式。通过几年的探索发展，益多形成一套较为成熟的助老服务和在地推广模式，走出了新型乡村互助养老模式的三阶段：赋能，培育建立农村老年自治组织，并探索建立老年服务模块；解惑，建立以生计、人力、资源等为三大支柱的支持体系，力争可持续发展；创模，完善建立乡村互助养老模型，发展文化娱乐、照护、辅具租赁、助餐等多样化、个性化服务。[1]

（一）芦山项目的开展与退出

2013年雅安地震之后，益多公益进入芦山，承接了多个养老服务项目。

1　笔者团队分别于2016年和2019年两次到四川芦山和茂县进行调研。

包括成都慈善总会购买的旨在提高当地老年人生活水平的救灾助老服务项目；中国扶贫基金会购买的旨在活化老年协会、帮助老年协会规范化和可持续发展的乡村老人可持续发展项目；芦山民政购买的旨在给2000名老年人提供居家护理的高龄老人居家养老服务项目；99公益众筹支持的旨在在各村推荐寻找留守妇女和志愿者接受护理员培训，为本村老人开展服务的居家护理员培训项目。

益多公益在进驻四川芦山的3年间，参与芦山多个村庄的互助养老服务项目的开展，活化老年协会，帮助老年协会建章立制，开展生计项目、文化娱乐和居家互助服务。同时，也承接了芦山县的培训居家护理员、为全县2000名高龄老人提供居家养老服务的项目。益多公益在芦山的服务村是芦溪村和大坂村，他们在活化老年协会和护理员培训方面的探索具有启发意义。

1. 活化老年协会

益多公益主要是帮助老年协会建立生计基金项目创收。

一是让老协“开公司，做生意”，选择什么项目由老协成员自己决定。例如，大坂村老协九大碗服务队通过出租九大碗工具（丧葬嫁娶集体吃饭的锅碗瓢盆）和承包九大碗服务获得收入。横溪村老协茶坊与文艺表演队通过经营茶坊、提高文艺队技能外出演出的方式获得收入。这两种生计方式均增加了老协活动费及居家养老服务中心运营费，使老协工作更好地开展，居家养老服务中心持续运营，村里老人得到更多的关怀。

二是设立失能老人关怀“基金”和成立“居家养老服务队”：从经营项目的收益中，固定地拿出30%作为“基金”，用来资助失能老人或为相关护理员提供补贴。组建一支具备一定专业素质的居家养老服务队，队员视服务质量和人数，每月可以从“基金”里领取数额不等的补贴。此外，有了益多公益的参与和活化，老年协会组织活动意愿和组织能力提高了，各个站点都积极开展活动。

案例：清仁乡大坂村经常会组织一些活动，如每年年末的团年饭，重阳节的文艺活动，每月探望失能老人和高龄老人以及一些日常文艺活动等。还有帮助分散居住的老人、需要护理的老人打扫卫生，以及发掘老年人更多的需求，如改造清洁、冬季取暖、血压血糖检测等。同时，益多公益还把城区的一些活动引入农村，例如给老年人过七夕，在活动中鼓励结婚多年的夫妇现场“秀恩爱”。当地村民从未庆祝过七夕，这种新颖的活动吸引了不少老年人参加。各种活动的开展不仅丰富了老年人的生活，而且带动了整个村落的氛围。此外还有营养早餐和每个月定期的有主题的饮食小组“共餐”活动。

2. 护理员培训

益多公益通过到各村招募发掘当地妇女或低龄老人的方式，对她们进行居家养老护理培训，考核评估培训质量，并制定了一套乡村居家养老服务管理制度，对服务质量进行监管。护理员考核合格后，由益多工作人员带领为芦山县失能、高龄老人制订护理计划，完善服务手册，开展上门家居服务[1]。

案例：护理员芦大姐走访芦阳镇何婆婆家时，了解到何婆婆因摔倒导致偏瘫，就为其建立了居家养老服务档案，护理主管针对何婆婆的情况制订了服务计划，并由芦大姐为老人做居家养老服务，每月上门看望和服务老人2~3次。通过服务，何婆婆渐渐回到以前爱笑的样子，不时还跟子女们念叨芦大姐。

徐爷爷是芦山县清仁乡大同村人，年近70岁，是团队的一名护理员。他有一本记事本，每次走访，上面都记录了服务老人的姓名、血压值、血糖、脉搏等信息。每走访一位老人，徐爷爷会将服务过的老人信息填写在这个小本儿上，所以当老人血压、血糖值有异常时，徐爷爷立马就知道了。

专职的站点工作人员中有有医学背景的专业护理人员，由他们来教其他护理员学习清理褥疮等工作。同时，养老护理员和一些接受服务的老人还担负着照顾家中儿孙辈和监督他们学习的重任，有老年人提出希望志愿者能教孩子学习、做作业等，因此益多也根据要求为孙子女开设了一间课

1　根据笔者2015年的调研，当时共招募130余名志愿者（培训两期，学会基本居家服务护理内容），选拔护理员16名（培训四期），后来根据护理员居住地、参与意愿等，共为全县2000多名老人配备10名护理员。护理员一般一个月给老人提供1～4次服务不等，服务时间在半个小时至1个小时，服务内容根据老人需要确定，护理工作后，也可以再反馈老人的需要。护理员的报酬，根据项目资金来定，也会按照服务内容如测血压、测血糖等的不同而不同，一般每人每次费用10~40元不等。

外教室[1]。每周一到周六放学后孩子们可以到这里写作业，平均收费每人每月150元。帮老年人和护理员辅导孩子功课探索的成功，提高了老年人接受服务的满意度：站点工作人员辅导孩子可以补贴项目经费，护理员减轻负担更加投入地参加到服务中，老年人减轻辅导更加舒心地接受服务。此外课外教室帮助农村留守妇女照顾孩子，这些妇女有了富余的时间和精力可以到县城服务，相当于扩大了农村妇女的再就业。

2016年，在项目期满后，益多公益退出芦山。根据笔者的调研，在益多公益退出之后，主要由芦山市当地居家养老服务企业承接了政府购买居家养老服务项目，为符合条件的老年人提供上门服务。老年协会则继续自我运转，运转情况还是比较好的。只是一方面，因为"九大碗"项目利润高，很多村和私人都办起了这个项目，客户减少、价格降低，竞争较为激烈，利润减少。另一方面，没有益多公益的资金支持和活动设计，开展活动的次数相对减少，尤其是专业性的护理服务不再进行。

（二）茂县项目的开展

茂县，隶属于四川省阿坝藏族羌族自治州，是全国最大的羌族聚居县。作为少数民族聚居的县，茂县的互助传统保留得相对较好，农村还有帮工、换工的习俗。

1. 入驻

2017年6月24日，茂县叠溪镇新磨村发生泥石流垮塌灾害，益多公益接受成都慈善总会购买服务，进驻茂县开展为期三年的救灾助老服务项目。三年工作计划为：第一年重点是前期排查，寻找试点村，帮助开展活动，建立信任关系；第二年根据试点村的实际情况，帮助成立老年协会或进行老年协会的规范化建设，帮助培育文艺队、志愿服务队和护理服务队；第三年帮助老年协会设计生计项目，建立老年协会的自我造血机制。课题

1　课外教室开办后，原本压在老人和护理员身上的辅导功课的担子减轻了，这样一来"护理老人时，老人心情都不一样了"，养老服务的开展更加顺畅，老人更加轻松快乐。因为站点工作人员文化程度普遍高于老年人和护理员，在辅导小孩功课上更加在行，而这个课外教室又非常的独特，结果站点上的这个辅导班比专门的辅导班接受度和受欢迎度更高。

组2019年暑假调研时正处于3年服务周期的第二年。

2. 项目开展

下面分别介绍茂县老年协会、老年大学的资金来源以及茂县开展互助养老的组织运行机制。

（1）资金来源

①老年协会资金来源。茂县老年协会于2012年在民政局正式挂牌注册成立，最初是退休的老人们开展活动的组织，老人们都在县老年协会之中。随着入会老年人越来越多，各个村里的村老年协会陆续建立。为了方便管理，老年协会按就近原则让老年人加入各个村老年协会，归属于村老年协会管理。从资金方面来看，当地民政部门对于老年协会的工作还是非常支持的，2016年至2018年县民政部门共拨付老年协会各项经费60万元左右，每年每位老人有20元固定补贴。村“两委”每年也会有不固定的资金支持，如宗渠村每年会向老年协会补助5000元，村里水电站每年给予3000元捐助。最后就是老年人自己缴纳会费。笔者调研的梨园村和前进社区老年协会会员每人每年缴纳100元会费，宗渠村会费是每人每年60元。每年会费收入都在1万~2万元。

②老年大学资金来源。茂县老年大学建立于2013年，是在政府支持下成立的民办非营利组织。老年大学成立初期比较艰难，没有政府编制也没有经费支持，开设的课程以党政宣传、讲座为主，缺乏对老年人的吸引力。经过到外地参观学习，老年大学通过改革，从老年人需求出发，开设了舞蹈、唱歌、绘画、书法等课程，充分调动了老年人的兴趣和参与积极性。茂县老年大学的经费来自政府拨款，2016年至2018年共拨付老年大学各项经费51万余元。老年大学成立初期实行免费教学，到2018年开始收取报名费用，每人20元/年，2019年费用提高到30元/年，目前共有500名学员和8名工作人员，8名工作人员都是退休人员，每天有10元的补贴。目前来看，茂县老年大学对茂县的老年人，尤其是活跃老人的组织和动员能力很强，各村老年协会与老年大学都存在合作关系[1]。村里老年协会会员每周

1　益多公益在接受项目资助之后，一开始在茂县的工作开展并不顺利，后面能够找到合作村，并且开展下一步的工作，与老年大学校长的帮助密不可分。

会在固定时间去参加老年大学的声乐舞蹈等课程，老年大学也会在老协开展文艺活动时进行参与和指导。

（2）组织运行

①老年协会规范化管理。由于老年协会是当地自发组织起来的，协会组织结构仍然处于比较初始的阶段，虽然在当地老龄部门的指导之下，建立了会长—理事会—会员大会的结构，但是大多数没有专门的职能分工，理事会和会员大会的召开时间也不固定，更多是就事论事，遇事则开。开展的活动也比较单一，只有唱歌跳舞等活动。益多公益进驻之后即帮助当地老年协会规范管理制度，组织舞蹈队、志愿服务队等各类互助小组，开展自我服务。如笔者调研的凤仪镇宗渠村就在益多公益的帮助下，进一步明确更新了协会的制度章程[1]。

②开展多种类型的互助养老服务。在益多公益的帮助下，笔者调研的三个村都成立了志愿者队伍，文化娱乐活动开展频率也有了很大提高。

如凤仪镇宗渠村是本身就做得比较好的村庄。宗渠村于 2012 年在民政局注册成立，协会有 1 名会长、1 名秘书长、3 名副会长和 6 名理事，都是由会员民主选举产生。2014 年成立了文艺队，文艺队主要由爱好唱歌跳舞的老年人组成，每天晚饭后大家在村委一起唱歌跳舞，由老年协会提供音响设备。村里老年协会和县老年大学开展活动，文艺队成员每个星期去县老年大学学习舞蹈声乐课程，由村老协报销往来交通费用。2015 年成立志愿服务队，每个月开展 1～2 次志愿服务，主要是上门陪本村空巢老年人聊天、收拾卫生、为老年人做个人卫生清洁等。同时，对 80 岁以上的会员每年补助 50 元，祭奠去世会员送花圈并给予慰问金 100 元。

1　协会内部设置维护老年人权益小组、红白理事会、维护治安小组、环境卫生小组、纠纷调解小组、道德评议小组、文体活动小组、关心下一代小组。工作制度章程：围绕党和政府中心任务，组织会员参加经济和社会发展，鼓励老年人从事力所能及的社会公益活动。组织会员学习党和政府的政策方针，开展民主法治教育、科学文化教育和保健知识教育。积极协助当地政府及村“两委”调解邻里、家庭纠纷，督促赡养人对老年人的家庭赡养。组织会员参与创建文明社区活动，推进老年协会和社区老龄工作规范化建设活动。组织会员开展各种有益于身心健康的文化体育活动，丰富老年人的精神文化生活。职能分工：会长负责全面工作，副会长负责协助会长工作和分管各自工作，理事负责协助会长工作和落实各小组工作，秘书长负责协会的文件材料、简约档案的管理、会员名单的上交以及收发文件。

梨园村老年协会成立于2018年，是益多公益进驻之后帮助孵化的。协会目前有1名会长、1名副会长和4名理事，共有108名会员。在益多公益的帮助下，协会2019年开展了2次大型节日活动，邀请老年人一起聚餐，组织老人们一起唱歌跳舞，还策划了多个趣味活动。另外，2019年村里有一个人患了白血病，老年协会组织村民发起捐款，每家都捐赠了几百元，最后共募捐了三四万元，为这家人解决了燃眉之急。

（三）案例小结

益多公益发展农村互助养老的思路以及路径都非常正确，并且有为老年人服务的初心，多年来其专注于：①老年协会赋能（在规范化管理、开展各项文化娱乐、居家互助服务的同时，帮助老年协会寻找生计模式）；②除开展文化娱乐活动之外，还开展护理员培训、提供居家互助服务（近年又拓展了辅具租赁业务），具有很强的推广意义。但其作为一家“草根型”的社工组织，面临着资金来源不稳定，较难与本土的其他各类社会组织相竞争，退出后互助养老发展的可持续性无法保障等问题。

四、广西农村老年协会互助养老典型实践

宜州市是广西壮族自治区的县级市，居住有汉、壮、瑶、仫佬、水、毛南等29个民族。2015年12月底，全市户籍总人口66.2万人，60岁及以上老年人口10.3万人，占全市总人口的15.6%。与很多欠发达地区县城境况相同，伴随外出务工人员的增加，宜州市，尤其是宜州农村的人口老龄化形势严峻。宜州农村老龄服务之所以做得好，主要在于少数民族地区的互助氛围浓厚、很多互助传统以及尊老敬老传统依然被保留，党政领导对老年协会工作非常重视，农村老年协会开展服务和活动的内生动力亦很强。2017年，宜州市探索政府购买基层老年协会养老互助服务试点，主要依托基层老年协会开展，在基层老年协会实施规范化管理并开展各类文化娱乐活动的基础上，拓展了由政府购买基层老年协会养老互助服务并进行监督考核的居家养老互助服务项目，具有一定的示范和借鉴意义。

（一）宜州老年协会的发展历程

宜州原先存在少量民间自发形成的老年协会，但是力量较为弱小，没有建立起规范化的规章制度。2012 年宜州市人民政府办公室下发的《关于印发宜州市创新农村养老服务体系建设工作方案的通知》提出，在 2012—2015 年间，全市建设示范性村级老年人协会 40 个，争取自治区财政为每个示范性村级老年人协会扶持经费 3 万元，共计投入 120 万元，实现平均每个示范性村级老年协会服务周边 500 位农村老人，受益总数达 2 万人以上的目标。同年，自治区老龄办、民政厅下发的《关于印发广西基层老年协会规范化建设实施办法的通知》要求进一步规范各老年协会的规章制度，要参照围村老年协会和思榄屯老年协会建设模式，按照创建示范性基层老年协会需要达到的标准，即“必须登记注册，建立三规范七簿一册”[1]。每年年底，自治区对当年确定的示范性基层老年协会进行检查验收，达到规范化建设标准要求的基层老年协会，由自治区老龄工作委员会办公室、自治区民间组织管理局授予“自治区示范性基层老年协会”牌匾，并给予一定的经费扶持。为建立长效激励机制，对获得“自治区示范性基层老年协会”称号的基层老年协会，每三年进行一次检查，不符合规范化要求的将取消“自治区示范性基层老年协会”称号。同时，根据自治区老龄办、自治区民政厅下发的《关于全面开展基层老年协会登记备案工作的通知》，对列入 2012 年自治区村级老年协会示范点的基层老年协会严格登记注册，以加强规范管理；暂时达不到登记条件的基层老年协会要全部进行备案[2]。

---

1 有固定的办公场所和活动场地，办公场所应不少于 15 平方米，活动场所应不少于 200 平方米，配备电视、音响、棋牌等 5 种以上文化娱乐设施，3 种以上适合老年人阅读的书刊报纸，有老年人健身运动器材，做到设施齐全、功能完善、管理规范。“三规范七簿一册”，“三规范”具体指：协会章程规范、管理制度规范、目标规划规范；“七簿”具体指：《老年人名册簿》《会议记录簿》《活动登记簿》《走访慰问登记簿》《维权登记簿》《接受捐赠登记簿》《财产登记簿》；“一册”具体指：《会员花名册》。

2 登记程序：基层老年协会向所在乡镇民政办提出申请，填写《广西基层老年协会登记表》，由乡镇民政办呈交市老龄办，再由市老龄办统一到市民政局办理登记注册手续。经审核符合条件的，由市民政局发给《社会团体法人登记证书》。备案程序：实行备案的基层老年协会，须向乡镇民政办备案，填写《广西基层老年协会备案表》，并由乡镇民政办统一填写《广西基层老年协会备案汇总表》后报市民政局、老龄办备案。

2018年宜州老龄委下发《河池市宜州区老龄工作委员会关于对全区示范性基层老年协会进行检查的通知》，决定对全区59个示范性基层老年协会2018年开展工作情况进行检查。根据《广西基层老年协会规范化建设实施办法》和工作实际，检查的主要内容有：登记年检，组织机构建设，章程制度建设，基础设施建设，活动开展，经费来源，作用发挥，监督管理等。检查分为两个阶段，第一阶段是自查，时间为2018年8月20日至9月10日。各示范性基层老年协会开展自查自纠，并进行自评；第二阶段是抽查，时间为2018年9月11日至20日。区老龄办对59个示范性基层老年协会按一定比例进行抽查，采取召开座谈会、查阅相关档案资料、实地走访等考察方式进行，重点检查"七簿一册"记录、活动开展及经费使用和管理等情况[1]。截止到2017年，宜州市共建有基层老年协会338个（村级老年协会210个，屯级老年协会127个，厂矿企业老年协会1个），其中，到民政局登记注册的有61个，在乡镇民政办登记备案的有277个。

（二）老年协会互助养老的运行机制

广西宜州的互助养老主要依赖于老年协会，其资金来源受到政府的支持，为老人提供的服务主要有精神慰藉服务、生活照料服务和老年维权服务等。

1. 资金来源

老年协会的运行资金来源于协会会费、公共支出、村集体支持以及政府的资金拨付等。养老服务购买试点自2017年开始启动，村级老年协会年购买服务资金1.5万~2万元；屯级老年协会年购买服务资金0.6万~1万元。依据每个老年协会所服务对象的数量最终核定金额。购买资金可以用来支付服务人员劳务费、为服务人员购买意外伤害险、基层老年协会文化娱乐设施日常维护以及开展养老互助服务所必要的工作经费等。根据《关于开展政府购买基层老年协会养老互助服务试点工作的通知》规定，政府

1　检查采用记分方式，根据基层老年协会规范化建设工作的实际情况确定检查评分标准，总分合计100分。其中，登记年检5分，组织机构15分，章程制度15分，基础设施20分，活动开展20分，经费来源10分，作用发挥10分，监督管理5分。

购买基层老年协会提供的养老互助服务资金按年度支付。购买主体与承接主体签订项目协议后30日内支付第一年度资金，承接主体到乡镇人民政府领取。每年12月项目评估通过后，次年1月支付下一年度资金。

案例：庆远镇围村是广西的传统村代表，仍然保留村民互助劳动的习俗，农忙时自发结成互助队伍，共同到各家抢收粮食、剐蚕茧等。村民团结一致、向心力强。围村的老年协会于1988年成立并且一直开展活动，村里的317名60岁及以上老年人全部加入协会。老年协会在资金来源上主要是让老年人和子女共兑支出，同时通过经营红白喜事租赁业务获得收入。从共兑支出角度来看，一是老年人每年交纳会费，一般每人10~20元，每年大约有5000元；二是老年协会发动老年人子女共兑老年人活动支出，虽然每个子女每次可能也就出几十块钱，但是加起来已经可以解决老年人活动经费的问题。2017年的老人节就收到了3.3万余元的捐赠款，其中主要是由村委、村民小组、村民捐赠。在经营性收入方面，老年协会筹资2万元购买了红白喜事用的锅碗瓢盆，用于租赁，每年会有1万~2万元收入。

石别镇清潭村老年协会成立于1982年，协会共有10名班子成员，每年重阳节召开一次面向全村老年人的大会总结一年工作和安排下一阶段工作。协会每年有两次大型的活动，一是在重阳节举办晚会和全部会员的流水席会餐，二是在春节举办文艺晚会。日常活动主要是开展文化娱乐活动。协会经费来源中政府补贴占主要部分。镇政府每年提供1000~1500元不等的资金，村委每年提供1000元的固定资金。在老年文艺队有外出演出活动时，村委会补贴相应的车费。老人会员们每年每人交纳的会费在6~10元不等，具体视人数多少而定，会费缴纳率在3/4左右。

庆远镇畔塘村畔塘屯老年协会成立于2004年，协会现有130多位会员（会员需自愿缴纳一定的会费），会员以女性为主，男性会员较少，其中绝大多数在80岁以上，另有5位工厂退休老人、1位不满60岁的五保户。畔塘屯老年协会的会长是位女性老人，性格开朗，业务能力强。协会建立了完整的协会章程、规章制度（会议制度、学习制度、活动制度、工作制度、走访制度、财务制度），实行“一事一议”，每一项活动都要经会议讨论决定并进行会议记录；对每一次活动的资金账目进行公开公示，做到公开透明。老年协会开展活动资金主要由四部分组成：第一部分来自每位会员交纳的会费；第二部分是民间捐款，协会在成立之初向全社会发起募捐，第一年募得 4198 元，第二年募得 3462 元；第三部分是政府拨款，民政局每年拨款 1000 元；第四部分是政府购买的养老服务项目经费，一般情况下在 6000 元左右。

安马乡木寨村老年协会成立于 2014 年国庆期间，现有 427 名会员，老年人入会率接近 100%。协会于 2016 年 7 月 1 日成立了党支部，拥有 26 名党员，同时选举了党支部书记、副书记、组织委员、纪律监察委员等，老年协会的班子成员也都是党员。协会还建立了完善的档案记录机制，成立了老年人维权小组，坚持值班制度和台账制度，制订相关的工作计划。财务方面，由会计当家，领导把关，坚持收有凭，支有据，账目公开，资金情况全部公开。木寨村老年协会的活动资金主要来源于三个方面：募捐、政府扶持和会费。其中，募捐是木寨村老年协会资金的主要来源，笔者认为这也是非常值得借鉴学习的。木寨村有村微信群，一般每年重阳节、春节或者村里要办老年人活动时，就会让村里书记或者比较有威望的协会领导在微信群里通知，要求老人子女捐钱。虽然每个人捐的并不多，一般 20 元、30 元或者 100 元，但是凑起来就是一笔不小的数字。2018 年，老年协会通过采取党员带头、干部带头、鼓励子女捐款的形式募捐，就得到 4 万元左右的收入，其中老年人子女捐款 2 万元左右。另外，村委会 2017 年也拨款 2000 元支持协会的工作。

2. 组织运行

宜州村级老年协会的最高权力机构是会员代表大会，有权研究和决定重大事项、制定和修改本协会章程、选举和罢免本协会负责人。协会成立了理事会，每届任期 3 年，理事会设名誉会长 1 名、会长 1 名、副会长 2～3 名、秘书长 1 名、理事会成员若干名，村“两委”成员在理事中亦任职位。协会负责人须经大会会员 2/3 以上多数通过。一些村，如笔者调研的安马乡木寨村、白屯村在每个屯都成立了党支部，大多数村庄的理事会成员都是在当地具有威望的人，办事相对公平公正。老年协会一般下设办公室、文体活动室、财务组、老年维权组、移风易俗办理组、公益事业建设组六个部门，由理事负责，处理日常事务。其中文体活动组负责组织老年人的文体娱乐活动，财务组负责财务的收支统计，老年维权组负责为老人提供咨询服务和保护老年人的权利，移风易俗办理组主要负责红白喜事等传统观念的改变，公益事业建设组负责组织老年人参与社会建设活动和公益慈善活动。

在会员服务方面，老年协会主要通过走访慰问、设立老年活动室、组织文体活动、开展知识讲座等形式为老年人提供服务。一是文化娱乐活动。基于广西特色民族传统，各协会分会都会举办山歌会，以歌会友，在重阳节、春节等节日会举行晚会。协会还设立了老年活动室为老人提供唱歌、读书、看报、打牌、跳舞的场所。二是居家养老互助服务。通过政府购买互助服务，协会组织老年志愿者队伍，上门为高龄、独居、空巢、孤寡以及失能、半失能老年人提供打扫卫生、陪同聊天、个人清洁等服务。三是组织老年人参与乡村治理。老年协会负责协助村两委做好新型农村养老保险、五保供养、困难老年人救助、养老优待等宣传工作；组织老年人学习法律法规，向老人们宣传国家的政策和法律法规，协助签订《家庭养老协议书》，学习《老年人权益保护法》等；发动低龄老人担当乡村志愿者，参与乡村治理，打扫村子卫生，为清洁乡村建设做出贡献。

案例：安马乡白屯村的对山歌不仅吸引了协会内部老年人参加，外村的老年人也都会慕名而来。每月的农历初一和十五唱山歌，每月的初八和二十二学山歌，每月这四天的老年协会活动室总是挤满了人，大家你一句、我一句相互对唱，有的还会自编自唱。有一位老人会写歌，调研时唱了他写的歌颂党和国家的歌曲，朗朗上口，也让笔者切身感受到最基层、收入不高但特别朴实的少数民族百姓对于党和国家的热爱。除每月的唱山歌活动，老年协会也组织老人外出旅游，截止到2018年调研时，白屯村已经组织了四批老人前往贵州的先锋苗寨、洪泽红色根据地井冈山和韶山等地旅游，费用采取AA制的形式。另外，在重阳节、春节等重大节日，协会还会组织老年人一起唱歌、打牌、聚餐。

3. 政府购买居家互助服务内容

互助服务主要内容包括：一是精神慰籍服务。老年协会组织健康、低龄老年人以及其他为老服务志愿者定期开展“助老巡访”活动，及时了解空巢、留守、失独、五保等老年人的生产生活情况及高龄老人生活情况，提供谈心谈话等精神慰藉服务，每周不少于2次；重大节假日要组织看望慰问活动。二是生活照料服务。协会为空巢、留守、失独、五保家庭老年人提供代购（缴）、陪诊以及简单轻便的生活照料服务。服务人员对因突发状况而需要帮助的老年人，及时通知老年协会、医院、老年人家属并协助处置。三是老年维权服务。组织开展形式多样的老年人法制宣传教育活动；大力协助村委组织老年人子女与老年人签订《家庭赡养协议书》，积极调解老年人家庭赡养纠纷，切实维护老年人合法权益。四是文教娱乐活动。定期组织开展丰富多彩的老年文化娱乐、学习教育、体育健身活动，每周开展活动不少于2次，形成常态化、制度化，有效促进老年人身心健康。

案例：宜州围村大部分是男性志愿者，主要以买东西慰问和探望、聊天为主，有急需的事情可以帮办。也有女性志愿者会为服务对象提供家务帮助，如村里有个老人因腿部受伤，无法下床，生活不能自理。由副会长负责照顾她，每个星期都去她家几天，给她送饭、收拾卫生，看看她有什么需要。还有一个老人，身体状况不好，去卫生所不方便，协会为他专门设置了电话，突然发病、头痛可以向协会拨打电话，老村医是他的服务人员，还能为他配点常用药物。

白屯村里有一名五保户由于年纪大了，上街买菜困难，平时都是远房亲戚在负责照顾，但是也无法做到天天过来，只有每周送饭菜，或者在老人发生大病的时候才会上门看望。协会派的服务人员就发挥了照顾老人日常生活的作用，经常上门帮助买菜做饭做家务。村里还有一位老人没有结婚，也没有子女，一直自己居住，性格孤僻，虽然符合五保户的条件，但因为没有身份证，故没有申请到五保户的资格，他自己也不去办理。服务人员到他家了解到这一情况之后，主动做他的思想工作，帮他去办理，最后成功地帮这位老人申请到五保户资格。在我们的访谈中，服务人员说："觉得自己既然和他结了对子，就要想办法帮一帮他。这个老人性格很古怪，但是自从办好了这个事，他就什么都愿意相信我了。"

（三）案例小结

宜州农村互助养老的发展扎根于其深厚的互助氛围，老年人对于老年协会的信任、认可以及党委政府对老年协会的重视、规范化管理。其模式特色主要包括：一是以民族习俗为载体的互助传统保留相对完好。宜州相对封闭的山村地区生活受现代气息影响较小，壮族和瑶族的传统习俗渗透在日常生活中，民风淳朴，互助氛围浓厚，体现在红白喜事、盖房、农活帮工和换工等方面。如村里每逢红白喜事，本屯或者距离近的几个屯的亲友仍然会自发来帮助办理丧事。二是尊老敬老的传统。宜州孝亲敬老传统保留得很好，不孝顺老人的行为会受到全村人的鄙视和非议。村里人外出务工也会不定期寄钱给父母。三是规范化管理。宜州老年协会发展得好与县老龄办的规范管理密不可分。如 2013 年以来，宜州每年召开一次示范性基层老年协会培训会，就基层老年协会规范化建设进行培训。各乡镇民政办每年会对辖区内所有示范性基层老年协会进行逐一自查，开展自查自纠，并进行自评。

五、农村互助养老模式总结

与城市互助养老一致，农村互助养老同样从资金来源、互助组织、互助服务三个方面进行模式总结，受篇幅所限，一些案例没有在之前典型案例中体现，只在本部分出现用以例证。

（一）按照资金来源划分

互助养老可持续运行的重点是资金，和将非正式互助网络正式组织起来，建立组织—服务—评估的制度机制。也就是说，资金、组织系统、服务系统、评估系统是维持互助养老系统可持续运行的关键部分。资金是整个系统可持续的基础，同时和组织、服务、评估系统相互影响，所以本节先从资金开始分析。从资金来源来分，可以将互助养老划分为福利型、公益型、经营型、“福利 + 公益型”“福利 + 经营型”“公益 + 经营型”“福利 + 公益 + 经营型”七种类型。

目前笔者调研的农村互助养老以纯福利型、纯公益型和“福利 + 公益型”为主，少数经营 + 型。

纯福利型一般由政府购买服务，针对的是失能、高龄、空巢、独居、生活困难的特殊老年人。

纯公益型的资金主要来源于村集体、村民众筹或基金会，是基于老年人实际需求产生的养老模式。这类模式由于资金来源于民间，故在不依托政府支持建设的社区养老服务中心的居家养老中更为常见。比如农村老年人自发组织开展文化娱乐活动或者凑钱共餐等（抱团养老），或者一些专业社会组织受基金会资助开展农村互助养老。

就笔者的调研来看，纯公益型实际相对较少，“福利 + 公益型”的农村互助养老更加普遍。村民众筹也是资金互助，主要的资金互助表现为老年人交纳会费或者凑钱办活动、向子女募捐等，笔者认为与其他资金来源相比，这是相对更加可持续并且会让老年人更有参与感（自己出的钱要用好）的筹资方式。总体来看，与纯福利型和纯公益型相比，“福利 + 公益型”的资金来源更加多元，资金来源于政府补贴、村集体补贴、个人交纳、社会捐助等多种渠道。

而与前面三类相比，经营 + 型是互助养老实现适度普惠的最理想的方式，不过目前这种模式相对来说很少，但每一个案例都有它的特色，值得其他地区学习。经营 + 型一般是依托村两委或老年协会等农村互助组织，由社会企业、专业社会组织帮助或自行经营。益多公益在四川芦山帮助老年协会，协助老年协会经营“九大碗”、老年茶室赚取收入。还有的地区，比如吉林松原的民政部门鼓励以村集体为单位经营托老所，资金来自经营收入（入住老年人缴纳）、村集体支持、政府资助和社会捐助等，农村托老所也已经成为松原农村的一道亮丽风景。不过目前经营 + 型也面临着一些问题：一是农村老年人的接受能力不强，不太愿意交费；二是当地的政府和村委领导支持意愿不强，一些政府、村委认为企业做的和自己的政绩无关，不仅不支持，反而会设置很多门槛，想从中得利，因此增加了企业经营农村互助养老的难度。

（二）按照互助组织划分

建立互助组织是保证互助养老可持续运行的关键。互助组织的形式可以是多样的。从组织主体的角度，可以分为社工组织主导型、社会企业主导型、社区互助组织主导型、个人主导型[1]。

对于农村的互助组织，笔者选取了几个典型的案例进行比较和梳理。

1. 社区互助组织主导

由村“两委”运营的社区居家养老服务中心 / 幸福大院是现在农村社区居家养老的主要载体，这主要是因为村“两委”在农村的领导地位高、动员能力强、和各级政府的互动密切，并且对经济资源的协调能力比较强。作为政府和农村之间的桥梁，村“两委”决定着村庄公共服务经费的投放方向，在很多乡村中有着比较强的组织动员作用。所以，一些互助养老开展得好的村庄，都是村“两委”重视养老工作的村庄。

也有一些地区的互助养老是由农村的老年协会负责运作的，比如笔者调研的吉林延吉、浙江安吉等地区。老年协会作为老年人自我管理、自我服务的老年人互助组织，能够很好地组织老年人，对于互助养老的开展起着重要的作用。在欠发达地区的老年协会主要是开展文化娱乐活动以及不定期地组织聚餐，而在发达地区的老年协会还负责了运营居家养老服务中心，提供助餐服务。一些老年协会也独立或协助社工组织 / 社会企业开展政府购买的救助性的互助养老服务。

2. 社工组织主导

外来社会组织在营造社区氛围、组织动员、开展互助服务等方面，具有专业的知识与技能。而这些外来的社会组织进入农村、运作农村社区的居家养老，一般都会通过当地的村“两委”、老年人组织或者个人。换句话说，外来的社会组织要想顺利地进入农村、运行农村社区居家养老，关键还是在于借助村“两委”或者老年协会来组织老年人，只有在有群众基础的情况下，外来社会组织的专业工作方法才有用武之地。比如益多公益就通过当地的老年协会，通过帮助老年协会赋能的方式开展互助养老。一是帮助老年协会建立自我造血机制。二是帮助老年协会进行规范化管理。对农村老年协会设置章程和规定，进行明确分工，同时对老年协会主要负责人进行相关政策和技能的培训，强化他们的责任意识和服务能力。三是培

1 由个人组织（运营）的模式处于过渡阶段，既没有在民政部门备案或登记注册，也没有处于社区、村“两委”或者其他单位集体的管理之下，其合法性地位还没有得到确定，这亦是未来需要探讨的。这里先不列入。

训居家互助服务队伍。在全县，承接培训养老护理员或老年人居家养老服务项目，寻找和招募互助志愿者，在对他们进行培训的基础上，就近开展居家服务。在试点村，招募和培训互助服务志愿者队伍，从营收基金中拿出30%作为失能老人关怀“基金”，这个基金用来资助失能老人或者为相关护理员提供补贴。

3. 社会企业主导

社会企业运营农村养老服务也遇到一些困难。尤其是他们在发展专业化、高成本的护理托养服务的时候，村集体的经济实力不够，村庄居民又没有消费能力，很多社会企业运营的农村社区养老服务中心，依靠政府对救助性老人服务的补贴为生，亏损十分严重。一些地区的养老驿站、村“两委”、村内部社会组织没有很好地合作，而是各自行动，造成资源的浪费，服务成本的提高。

笔者在调研中发现了几种做得较好的模式。一是由养老服务机构扩展到社区居家养老，如上海松江区堰泾村的幸福老人村就在运营养老机构的基础上，连接了各类资源，同时连接了各类政府项目支持和社会公益资源，为本村老人提供各类服务。二是在一些普通的发达地区的农村，由农业合作社 / 村镇企业运营互助养老项目。但是他们的发展也跟与当地村“两委”的关系、村“两委”对这类项目的态度有很大关系。

（三）按照互助服务划分

互助服务从互助内容角度来看，目前开展最多的是文化娱乐活动，第二是上门探望（精神慰藉），第三是家务整理、个人清洁护理等劳务型服务，第四是助餐服务，第五是康护保健、旅游等其他类型服务。与社区互助组织主导型相比，企业主导型不仅聚焦于互助服务，还利用互助人员（互助志愿服务队伍）辅助开展低成本的老年人就餐、康护保健等市场型服务[1]。

目前农村互助养老服务的主要内容包括开展歌舞、乐器、体育、教育

1　需要再次说明的是，由于城市社区的虚拟自治特点，很多城市社会企业没有明确界定非营利、会员以及民主参与、民主决策等说明互助组织属性的内容，其提供的专业性的市场化服务部分不算在互助养老中。

讲座等多种形式的文化娱乐活动，以及过节组织包饺子慰问、给生病老年人送礼物探望等精神慰藉和临时帮助服务，针对高龄以及独居老年人的一对一的结对帮扶等。只有少数的农村地区初步形成了正规的面向高龄、独居、生活不能自理、经济困难老人的居家照护服务。与发达地区相比，欠发达地区的农村一般没有开展投入较大的长期的老年餐桌服务，与本土社会组织相比，社会企业或社工组织参与开展的互助服务专业性、技术性更强，比如他们可以提供失能、半失能老年人的照护服务等。从服务者与被服务者角度来看，服务者以低偿服务为主，被服务者在居家照护服务方面以无偿获得为主，助餐服务方面以低偿获得、互助交换为主。

1. 精神慰藉

目前大部分农村地区还是以开展文化娱乐活动为主，如上海睦邻“四堂间”等。同时，因为村民之间具有情谊或者受到宗族 / 人情伦理约束，农村原本就存在非正式的照护帮助。也有部分地区开展了由政府购买基层互助组织的互助服务的探索，典型的如广西宜州经验，但是由于互助志愿者的补贴少、老年人提供劳务型的互助服务风险高而且政府没有进行强制要求，所以这类服务以精神慰藉为主，少数的女性互助志愿者会提供临时性的家务帮助。

2. 居家照护

正如前文所说，农村老年人购买力有限，愿意出钱购买居家照护服务的农村老年人非常少。根据笔者的调研，目前大部分农村依然以开展文化娱乐类活动为主，少数的农村在政府购买服务或者在村集体、老年协会、妇女组织的组织下开展上门探望、陪同聊天、临时帮助等服务，真正开展规范化、机制化生活照护服务的相对来说比较少。但是也有一些地区实现了从娱乐、探望到照护的转变，非常具有探讨、复制和推广的价值。如北京延庆、浙江安吉、吉林松原、四川益多公益社工机构等。这些服务以低偿服务和老年人无偿获得为主，服务对象在有的地区有经济条件限制，但也有一些地区覆盖了当地高龄、独居、生活不能自理老人。服务的管理方一般是社工组织或社会企业，也就是政府或大型基金会购买服务，打包交给他们，他们可以再通过当地互助组织招募护理员 / 志愿者，或者独立招募居家护理员 / 互助志愿者进行服务。但也有少部分是政府民政 / 老龄部门和村集体、老年协会进行管理。

3. 助餐

老年人在吃饭方面的需求很强烈，因此助餐服务一直是社会养老服务的发展重点。很多农村地区在兴 / 改建养老照料服务中心、幸福大院等养老服务设施时，都配备了老年食堂或者各类炊具。一些经济发达地区在政府和村集体的资金支持之下，通过劳动、资金等多样化的互助形式降低成本，提供就餐服务，大多数是福利性质的。厨师为本村村民，工资 1500 ~ 2000 元，其他帮工以志愿者为主。用餐老年人根据规定缴纳伙食费，有的村庄免费，但大部分村庄会根据年龄收取 3 ~ 12 元不等的费用。大部分是村“两委”、老年协会在运营，少数交给社会企业负责运营。根据笔者的调研测算，一个发达农村养老服务中心的建设费用在 30 万元左右，每年运行经费（主要是老年餐桌）15 万元左右。建设和运营资金主要来自政府拨款补贴、村集体保底给付、农业合作社、NGO 等社会组织出资、社会捐赠、服务对象交纳六部分。服务人员包括专职人员、兼职人员、志愿服务人员三类。专职人员以 45 岁以上的准老年人和老年人为主，一般 1 ~ 2 名，兼职人员几乎没有，有的也仅有 1 名，志愿服务人员较多，绝大多数为女性、务农或退休、60 岁以上。评估以政府评估为主，村委会和社会组织在年末一般也会进行自我评估和账目核查工作。同时政府会对老年餐桌的硬件设施和运营情况进行评估，并根据评估结果给予每年的资金支持 / 奖励。

总的来说，老年餐桌主要分布在村级集体经济发展较好、村级组织能力较强、老年人口较多并且居住较为集中的规模较大的行政村或社区，对于那些交通不便、老年人居住分散的自然村以及村级集体经济薄弱的行政村，助餐服务覆盖率非常低。另外，在较大的行政村中，服务对象仍然主要以身体状况较好且距离村养老照料中心较近的老年人为主。几乎所有的老年餐桌都处于亏损状态，但不少村庄想的并不是如何开源，如提高价格、广泛宣传、增加配送功能、向社会开放等，而是节流，如怎么让尽量少的老年人来就餐，在笔者的调研中最少的就餐人数只有 5 人，其发展的可持续性令人担忧。

助餐中有许多是老人搭伙做饭，或者邻里亲朋应急性地帮忙送饭、做饭等。一般是非正式的、临时的，因情感而产生，这也是可选择的一种方式。如吉林延吉、广西宜州农村老年协会的老年人在一起参加活动之后，不愿回家的老人会直接在活动场所搭伙做饭（很多农村的炊具是齐全的，只是缺乏后续持续就餐服务的资金补贴），有的老人带米，有的带菜、肉，或者买食材然后一起付钱，吃完饭再回家。另外河北肥乡的部分幸福互助院也是采取共同带粮食、搭伙轮流做饭的形式。

第五章　中国特色时间银行实践

从 1998 年上海市虹口区提篮桥街道晋阳居委会试行时间银行，到北京、天津、南京、广州、青岛等城市自发探索，进而在全国不少城市推广实践，至今已有 20 余年时间。虽然这些探索如星星之火，但因为当时互联网不发达且时间银行以小范围的社区为单位或由民间自发组织，面临组织管理、信用保障、服务兑换等问题，很多发展效果不好，难以为继。直到近年，伴随互联网和区块链技术兴起，一些地区，如南京、广州、北京等地的实践取得较大进展，在政府支持之下互联网时间银行不断增加。2019 年 4 月，在国务院办公厅发布的《国务院关于推进养老服务发展的意见》中，首次提出了要大力培养养老志愿者队伍，加快建立志愿服务记录制度，探索时间银行做法，保护志愿者合法权益。2019 年 8 月，南京市率先推出《南京市养老服务时间银行实施方案（试行）》，提出要在 2020 年 9 月实现时间银行的全市“通存通兑”。2019 年 11 月，民政部《“关于大力发展互助式养老的建议”的答复》再次提出，要加强老年人力资源开发，推动抱团养老、低龄老年人服务高龄老年人的时间银行等互助养老模式不断创新。2020 年青岛市民政局下发《青岛市养老服务时间银行实施方案（试行）》，提出在试点取得成功经验的基础上，2021 年进行全市推广、通存通兑。时间银行与互助养老紧密联合，作为互助养老的劳动计量工具和线上平台逐步进入大众视野。

一、中国时间银行的发展概况

由于我国目前时间银行仍以小范围的自发组织或政府推动为主，并没有进行大规模的摸底调查，笔者的调研也仅限于2018—2019年追踪调研的南京市秦淮区大光路街道大阳沟社区时间银行、建邺区兴隆街道桃园居时间银行、栖霞区尧化街道姚坊门时间银行以及广州市南沙区时间银行。故此处主要列举互联网搜集到的各地时间银行信息。笔者此处所整理的中国的时间银行实践主要有97个，其中，除内蒙古自治区、海南省、香港特别行政区、澳门特别行政区、甘肃省、宁夏回族自治区没有相关的信息外，其余省份、自治区、直辖市等地区都有相应的介绍。搜集到的各地时间银行的数量具体如下：北京市1个，天津市4个，河北省3个，山西省1个，辽宁省1个，吉林省2个，黑龙江省1个，上海市1个，江苏省5个，浙江省5个，安徽省2个，福建省8个，江西省2个，山东省6个，河南省5个，湖北省2个，湖南省2个，广东省6个，广西壮族自治区15个，重庆市4个，四川省7个，贵州省2个，云南省3个，西藏自治区1个，陕西省1个，青海省1个，新疆维吾尔族自治区1个，台湾5个。

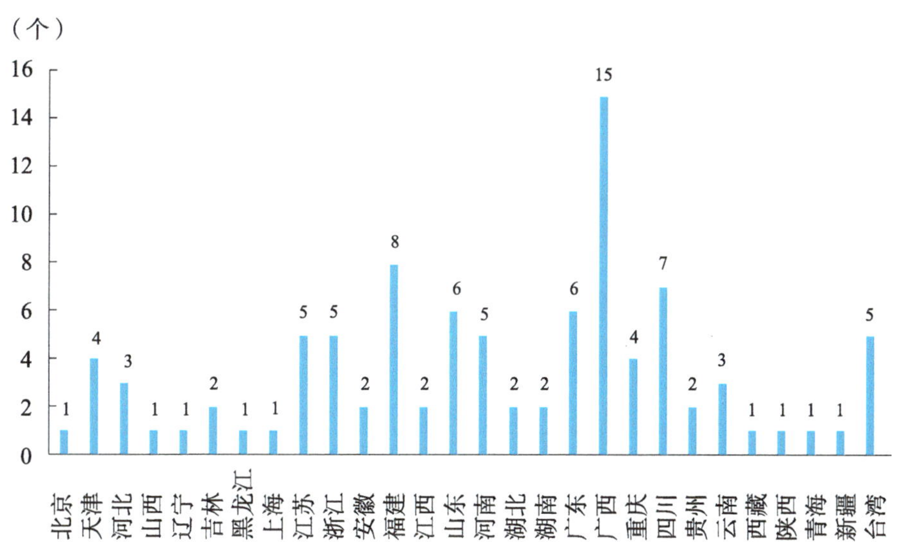

图5–1　各地成立的时间银行数量

时间银行成立的早晚时间有所不同，成立在2000年之前的共有6个，2000—2010年3个，2011年3个，2012年3个，2013年5个，2014年9个，

2015 年 3 个，2016 年 4 个，2017 年 8 个，2018 年 17 个，2019 年 26 个，2020 年 6 个，没有具体成立时间信息的 4 个。2019 年成立的最多。

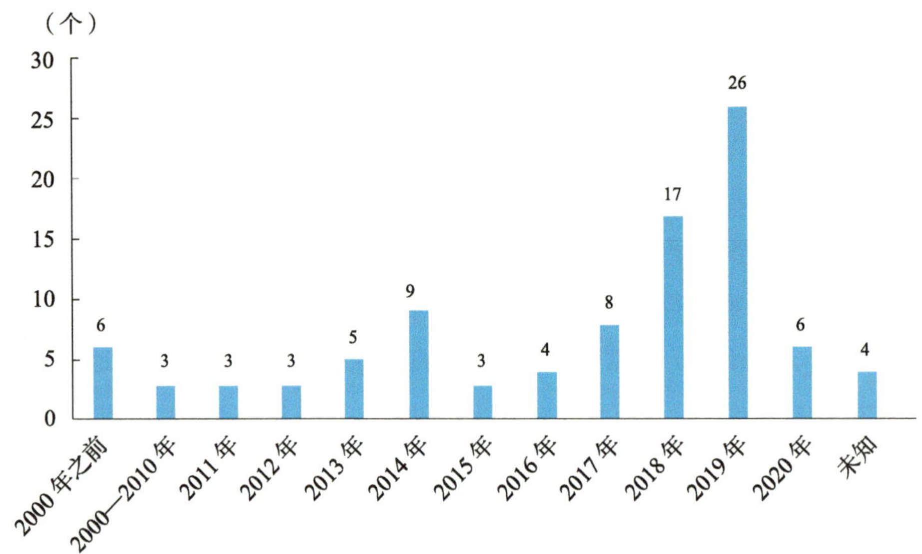

图 5–2　时间银行成立的时间

所搜集的中国时间银行的相关信息主要以表 5—1 进行归纳。

表 5–1　部分时间银行一览

地区	详细地址 / 组织	名称	发展
北京	海淀区中关村街道	希格玛社区时间银行	2019 年成立。在中关村街道希格玛社区养老服务驿站运行，服务时间在“志愿时光”平台上记录
天津	河西区	鹤童时间银行	2011 年 1 月成立。截至 2011 年 7 月，鹤童时间银行共 1354 人“在户”，服务时间总计长达 1861 个小时
	天津纯公益	天津纯公益时间银行	天津纯公益帮扶服务中心开展的项目之一，2015 年成立
	西青区张家窝镇	家兴里时间银行	2016 年 3 月成立。截至 2017 年 7 月，家兴里社区时间银行已注册登记志愿者 240 余人，在慰老助老、环境整治、扶贫助困、法制宣传、文明劝导等志愿服务活动中服务群众近 7000 人次，志愿者累计存储时间最长的已达到 103 小时

续表

地区	详细地址 / 组织	名称	发展
天津	南开区	佳音里社区时间银行	2019 年 8 月成立。目前社区共有四支志愿服务队伍，分别是巡逻队、卫生清整服务队、书画组以及为老服务队。登记的志愿者将近 200 人，包括 90 个楼门长以及由居民及外部志愿者组成的志愿队伍。从目前累积的服务积分看，最活跃的服务队伍为巡逻队及书画组
河北	秦皇岛市	秦皇岛市爱心时间银行	2014 年 4 月成立。截至 2019 年 1 月，爱心时间银行已招募爱心储户 20000 余人，帮扶困难人群 10000 余人
	唐山市滦南县	西胡村居家养老中心项目时间银行	2019 年 3 月成立。志愿者有 131 人
	石家庄市	石家庄市时间银行	2020 年 1 月启动
山西	晋中市东阳镇	车辋村健康储蓄银行	2017 年成立。发动赋闲在家的农村妇女组成志愿者队伍，由卫生计生服务室统一管理、培训
辽宁	沈阳市和平区八经街道	宝环社区红金时养老服务储蓄中心	2015 年 9 月开业
吉林	图们市	图们市时间银行	2014 年起，图们市在全市 3 个街道 13 个社区推广时间银行。截至 2016 年 7 月，市民办理时间银行存折近 5000 本，存储志愿服务时间累计超过 35000 小时
	吉林省青年志愿者协会与吉林亿联银行	亿联志愿者时间银行	2020 年 6 月启动。主要针对青年志愿者
黑龙江	哈尔滨市	烟厂社区时间银行	1999 年成立
上海	虹口区	虹口区时间银行	1998 年初，它被虹口区提篮街道晋阳居委会提出并首次实践，当时被称为“时间储存式为老服务”
江苏	姜堰市	姜堰市退休人员管理中心时间储蓄银行	2007 年，江苏省姜堰市率先推出时间储蓄银行，姜堰市退休人员管理中心在社区成立退休人员自管小组，动员身体好的低龄企业退休人员结对帮扶家庭特困的高龄退休人员
	南京市秦淮区大光路街道	大阳沟社区时间银行	2014 年成立。一批老党员、社区骨干、楼栋长等社区积极分子成为时间银行的第一批志愿者

续表

地区	详细 地址 / 组织	名称	发展
江苏	南京市栖霞区尧化街道	姚坊门时间银行	该项目自 2014 年 8 月起在王子楼社区试点，截至 2016 年 7 月，已建立 13 个社区分行，拥有 705 个居民志愿者、25 个志愿团队，累计服务居民达 57000 人次，服务时间 1.5 万小时
	南京市鼓楼区	鼓楼区时间银行	2018 年 5 月成立。截至 2018 年 10 月，鼓楼区已有 38 个家居家养老站点同时“化身”时间银行网点，时间银行鼓楼分行志愿者注册数量已达 5 万名
	扬州市	三里桥社区时间银行	2019 年成立
浙江	金华市	八咏楼社区时间银行	2013 年 11 月成立。八咏楼社区时间银行成立以来，已经有 70 多位老人开了户
	温州市苍南县	中兴社区与湖前社区时间银行	2014 年 7 月，由浙师大社工系的教授团队担任项目督导的时间银行成立。首批“开户”的老人有 120 名
	金华市	兰花社区时间银行	2017 年 7 月成立
	杭州市	“滨滨有你 · 时间银行”公益志愿服务平台项目	2019 年 5 月，由滨江区民政局和团区委共同主办的“滨滨有你 · 时间银行”公益志愿服务平台正式启动
	绍兴市越城区	迪荡街道居家养老中心时间银行	2019 年 6 月成立
安徽	淮南市田家庵区国庆街道	金豪社区时间银行	2016 年 3 月成立。截至 2016 年 8 月，金豪社区已拥有 700 多名志愿者，并组建了 13 支志愿者队伍，主要负责社区的环卫整治、治安巡逻、交通维护等工作
	安庆市大观区	花亭北村社区时间银行	2020 年 4 月成立。该项目由市民政局提供启动资金，由众禾社工、乐邻社工服务站共同实施
福建	厦门市海沧区	海发社区时间银行	2012 年在全市首创“爱心银行储蓄卡”
	福州市海都公众社会工作服务中心	海都时间银行	2014 年 12 月成立
	厦门市思明嘉莲街道	思明嘉莲街道服务银行	2016 年启动
	泉州市	福建医科大学附属第二医院时间银行	2017 年 2 月开启志愿服务时间银行
	福州市	苍霞新城社区时间银行	2017 年成立。该时间银行是家园事务服务中心联合苍霞新城社区共同推出的，每月开展两次以上的志愿者社区服务活动

续表

地区	详细地址 / 组织	名称	发展
福建	福州市	集美乐海社区书院时间银行	2017 年 5 月成立。举办小志愿者活动，小朋友每参加完一次志愿活动就会在书院颁发的志愿者积分卡上得到印章一枚，累计达到 6 枚印章即可赢得书院提供的神秘礼物一份
	福州市晋安区茶园街道	晋安区茶园街道爱心时间储蓄中心	2018 年 12 月成立。截至 2018 年 12 月，通过“爱心时间储蓄中心”网站注册并参与助老志愿服务的有 817 人，开展了 67 场志愿服务活动，累计时间达 1620 小时
	福州市鼓东街道	鼓东街道幸福中山时间储蓄银行	2018 年 12 月成立。该辖区 14 家党建联盟志愿服务单位成为了首批“储户”
江西	南昌市	东湖区时间银行	2017 年 10 月开始，东湖区在百花洲街道先行探索居家养老志愿服务时间银行模式，后逐步在全区范围内推广。截至 2020 年 7 月，东湖区范围内已经建立时间银行总行 1 个，分行 12 个，建成并投入运营时间银行支行 113 个，全区范围内招募系统注册志愿者 3095 人，开展社区公益活动 6160 次，志愿服务存时记录达 5 万余条，累计服务时长达到 11 万余小时
	赣州市大余县新城镇	水南社区健康养老时间银行	2018 年 5 月成立
山东	潍坊市奎文区东关街道	苇湾社区时间银行	2012 年 6 月成立。截至 2019 年 10 月，苇湾社区时间银行的储户数量近 300 名。其中，爱心服务时间超过 100 小时的储户已有 126 名
	淄博市张店区科苑街道	迎春苑社区时间银行	2013 年 10 月开始推行时间银行志愿者服务，先后组建了党员志愿者服务队、老年帮扶志愿者服务队等 16 支志愿者队伍。截至 2016 年 8 月，时间银行志愿者已达 500 余名，志愿者注册人数达到 1600 余名
	青岛市	青岛电子时间银行	2018 年 12 月启动，以电子社保卡为载体
	滨州市博兴县锦秋街道	望湖社区时间银行	2019 年 1 月启动。由博兴县家庭服务业协会负责建设和运营
	济南市	金龄志愿者时间银行	2019 年 5 月建立
		首善公益时间银行	由名为“首善孝亲敬老志愿服务队”的社会组织探索成立。不清楚具体成立时间
河南	洛阳市洛龙区开元路办事处	天元社区时间银行	2011 年 9 月成立
	开封市鼓楼区西四门办事处	油坊社区时间银行	2013 年 6 月成立。由河南大学至善社工服务中心和油坊社区联合开办，由河南大学哲学与公共管理学院教师和学生以及辖区志愿者组成

续表

地区	详细地址 / 组织	名称	发展
河南	新乡市凤泉区	五陵村时间银行	五陵村时间银行前身是五陵村的“心连心五陵梦”志愿者服务队。截至 2018 年 4 月，时间银行的“储户”已经发展到 5000 余名。其中五陵村村民占 60%，其余来自河南省内的爱心人士占 30%，省外人士占 10%。储户服务时间累计达 9000 多小时，支取时间 4800 小时
	郑州市	绿城社工服务站爱心时间银行	2018 年 12 月，金水区南阳新村街道办事处绿城社工服务站举行了“绿城社工爱心时间银行暨社区社工服务热线开通仪式”
	平顶山	前进社区时间银行	2019 年 4 月开始实行
湖北	武汉市武昌区首义路街江零社区	首义美好时间银行	2017 年 12 月正式运行。该时间银行由首义路街携手美好集团公益中心、中国人民财产保险公司武汉分公司共同创建。截至 2019 年 1 月，首义美好时间银行存储的志愿服务时间共计 1640 小时，积累的志愿服务积分达 21498 分
	武汉市江岸区球场街道	小小志愿者时间银行	2019 年 5 月开张
湖南	衡阳市	衡阳时间银行	2014 年挂牌，现有 100 多个志愿者“开户”
	长沙市	雨花时间银行	2018 年 11 月，雨花时间银行项目正式成立，截至 2019 年 8 月，雨花时间银行共有志愿者 28 人
广东	广州市	寿星大厦时间银行	1999 年成立。截至 2016 年 5 月，在寿星大厦时间银行储蓄时间的老人达 4000 多人次，累计储存时间超过 15000 小时
	南沙市	南沙时间银行	由南沙区政府于 2013 年 12 月启动，南沙时间银行服务平台于 2014 年 2 月上线
	惠州市仲恺高新区陈江街道	曙光社区时间银行	2018 年 1 月开始筹划实施。针对外来务工人员较多的情况，曙光社区开设儿童舞蹈、武术兴趣课程，成人瑜伽班，老年人陪护等项目
		甲子社区时间银行	2018 年 1 月开始筹划实施。陈江甲子社区时间银行的存入内容以社区书屋值班服务为主，也包括由书屋延伸开展的公益服务
	惠州市惠城区惠环街道	古塘坳社区时间银行	2018 年 10 月由社工正式运营
	湛江市	沙湾街道时间银行	不清楚具体成立时间。推出“二手物品屋”特色服务项目

续表

地区	详细地址 / 组织	名称	发展
广西	南宁市	青秀区新竹社区时间银行	2018 年 9 月启动。截至 2019 年 10 月，新竹社区已招募时间银行志愿者 197 人，志愿者团队 26 个，共为 39 名老人提供了互助养老志愿服务活动，累计时间存入 300 小时
		凤岭北社区时间银行	2018 年 10 月成立。截至 2020 年 7 月，社区共征集到理发、义诊、家电维修、家政服务等志愿者服务团队 8 个，志愿者 109 人，征集到有服务需求的高龄老人 57 位，共计提供服务时长 264 小时
	柳州市	龙擎苑社区、福鑫社区、雅莲社区时间银行	2019 年 2 月建立。龙擎苑社区和福鑫社区的时间银行设立 1 个总行和 4 个分行。截至 2020 年 7 月，三个试点社区共注册“时间银行”志愿者 400 多名，发放“时间存折”432 本，开展活动 43 次，服务老年人 778 人次，记录总时长达 1150 多小时
	玉林市玉州区	清湾江社区时间银行	2019 年 2 月成立
	百色市右江区	太平社区时间银行	2019 年 2 月成立
	贵港市港北区	荷城社区时间银行	2019 年 2 月成立
	南宁市	思贤社区时间银行	2019 年 3 月成立
	梧州市	龙城社区时间银行	2019 年 3 月，龙州镇城东社区被自治区文明办确定为自治区时间银行养老志愿服务试点社区，被崇左市委宣传部确定为“农村扶贫济困”“社区邻里守望”志愿服务市级活动点。2019 年 5 月底，由广西壮族自治区文明办、广西志愿服务联合会设立的时间银行养老志愿服务试点在龙圩区龙圩镇龙城社区揭牌
	桂林市	空明社区时间银行	2019 年 3 月成立。截至 2019 年 6 月招募志愿服务团队共 35 个，志愿者 1300 余人，每月 15 日志愿服务日轮流在各居民小区摆摊设点开展志愿服务活动，累计存入时间近 1 万小时
		象山区五美社区时间银行	2019 年 3 月成立，从成立至 2019 年 12 月，在五美社区内共有 980 名志愿者，共存入志愿服务时间 1300 小时。2020 年 3 月，由协会帮助社区组建周末学雷锋服务队、大学生学雷锋服务队、留爱志愿者服务队等 18 支志愿服务队，共招募时间银行志愿者 1000 多名，发放时间银行存折超过 250 本，服务社区老人超过 1500 人次，存入服务时间超过 2.5 万小时
		雁山区暨良丰农场社区时间银行	2019 年 4 月启动。雁山区良丰街道办与广西师范大学漓江学院团委志愿服务结对共建

续表

地区	详细地址/组织	名称	发展
广西	崇左市江州区	友谊社区时间银行	2019年4月成立
	梧州市万秀区	枣冲社区“左邻右里老友记”时间银行	2019年6月启动。截至2019年10月，已为社区内的高龄老年人提供了1.4万多次的各类服务，提供线上关爱志愿服务46176次，主动关怀38730次，紧急救援服务28次，协助找回走丢老人186人次
	桂林市	阳朔县时间银行	2019年10月启动
	南宁市邕宁区	红星社区新时代文明实践站时间银行	2020年3月成立
重庆	沙坪坝区	小正街社区时间银行	2003年成立。截至2006年7月，该社区5000余位居民已有118人持有时间银行的爱心储蓄卡
	重庆市慈善总会	助老计划时间银行	2018年7月成立
	九龙坡区九龙镇	广厦城社区时间银行	2019年1月成立。截至2020年10月，广厦城社区时间银行已有20余名社区志愿者开户，为230名高龄、困难老人送去了服务，并累计存入公益时间137小时
	两江新区	两江新区时间银行	2020年5月成立
四川	攀枝花市东区	红星社区时间银行	2009年，红星社区创建了全市首家时间银行
	泸州市江阳区北城街道	濂溪路社区时间银行	2011年7月成立
	广元市利州区	陈家壕社区“爱心时间银行”	2012年7月成立
	成都市青羊区草堂街道	送仙桥社区时间银行	2014年2月开业
	成都市锦江区狮子山街道	佳宏路社区时间银行	2014年2月成立
	阳光保险	阳光保险公司时间银行	2018年10月推出，以“时间互助”小程序为载体，在旗下山东德州心湖阳光颐养中心进行试点
	汶川县	汶川无忧时间银行	2019年成立。截至2020年1月，注册志愿者人数3680人，累计存储时长16662小时
贵州	贵阳市白云区	大山洞社区时间银行	截至2018年10月，时间银行共有辖区爱心志愿者930人存储志愿服务时间3150小时，累计帮扶辖区居民千余人。具体成立时间不清
	遵义市红花岗区	遵义时间银行	2019年10月成立

续表

地区	详细地址 / 组织	名称	发展
云南	昆明市	晋宁区时间银行	2014 年 7 月启动
	昆明市盘龙区龙泉街道	盘江社区居家养老服务中心时间银行	2019 年 4 月成立。盘江社区居家养老服务中心是盘龙区新建的居家养老服务中心，也是公建民营试点项目，由云南云投康养投资有限责任公司承接运营，引入公益组织十方缘老人心灵呵护中心等机构，招募服务老人的志愿者，将志愿者的公益服务时间存进时间银行
	昆明市官渡区关上街道	石虎关社区时间银行	2020 年 1 月，由官渡区善润养老服务发展中心发起的时间银行养老服务模式在关上街道石虎关社区正式启动
西藏	拉萨市城关区	幸福社区时间银行	2018 年 6 月启动
陕西	咸阳市	渭城区时间银行	2018 年 10 月咸阳市智慧健康养老时间银行启动，截至 2019 年 6 月，咸阳市已有在册“时间客”1700 余人，累积“时间币”1.5 万多小时
青海	西宁市	南山东社区时间银行	2018 年成立
新疆	乌鲁木齐经济开发区（头屯河区）	天山绿谷社会工作服务中心时间银行	2017 年 2 月成立
台湾	弘道老人福利基金会	弘道老人福利基金会时间银行	1995 年成立。迄今为止服务覆盖全台湾
	台北市	“天使人力银行”	由台北市卫生局于 1998 年推出。该银行以失去自我照顾能力的中老年人为主要服务对象，参与志工需要先接受 12 小时的训练，服务满 300 小时后才可以提取被服务时数
	老五老文教基金会	老五老文教基金会时间银行	由民间组织老五老文教基金会于 1998 年成立。更强调“互助小区”的概念，除了鼓励从事公益服务的意愿外，更加鼓励志工关爱所在小区的生活质量，使小区中的小家庭，以互助的方式变成一个大家庭
	新北市	布老银行	2013 年成立
	基隆市暖暖区	“防跌互助工班志工队”	2016 年成立

二、时间银行模式总结

我国的时间银行主要从互助养老的志愿服务管理开始，目前包括两种类型：一是建立互助志愿服务管理系统，从供给侧出发，利用时间银行推动互助志愿服务，并将其用于政府购买的以高龄、独居、困难老人的兜底服务为主的各类社区公益活动项目。时间货币作为衡量互助志愿服务价值和荣誉的计量单位。二是建立虚拟社区综合治理 / 服务平台，供给侧和需求侧共同响应，一方面，通过建立互助志愿服务管理系统，帮助社区 / 社区社会组织有计划地开展各类社区公益活动项目；另一方面，面向全体居民进行服务互助、资金互助的供求对接，尝试向低成本的福利经济体和社区经济体发展。时间货币也从荣誉、奖励转变为可流通的有价证券。但如前文所述，目前时间银行主要以志愿者管理系统为主。本节以时间银行的相关主体、运行机制、志愿者来源、志愿时长兑换方式以及创建目的为标准，对现存的时间银行进行了划分。结合各地的案例，使读者对时间银行的模式有一定的了解。

（一）相关主体

从创建主体来看，在中国各地的时间银行实践中，主要有 6 类创建主体，分别是政府、社区 / 居（村）委会、企业、第三部门、党群系统。

第一，政府作为创建主体时，主要指各地的民政部门和街道，如青海省西宁市的南山东社区时间银行由西宁市城中区民政局社会福利科创建。还有由卫建部门、精神文明办、扶贫办等牵头成立的，如山西晋中市东阳镇车辋村健康储蓄银行，由晋中市东阳镇卫生部门工作人员构思建立。

第二，社区 / 居（村）委会也是推动时间银行建设的重要一方，如四川攀枝花市东区红星社区时间银行即是由红星社区创建并具体运营。

第三，一些时间银行由企业推动成立，如重庆两江新区时间银行志愿者服务项目即由两江新区各街道、社区、物业公司与暄洁再生资源利用公司联合推出。

第四，第三部门中成立时间银行的主要包括各基金会、慈善会和养老院等民办非企业单位，养老服务中心、日间照料中心、大学的社会工作服务站、社会工作服务中心等。包括天津鹤童时间银行是由天津最大的民营养老院——鹤童养老院社工部创建的，浙江金华八咏楼社区时间银行由金华市乐福社会工作服务中心创建，福建泉州福建医科大学附属第二医院时间银行由福建医科大学附属第二医院创建。

第五，还有一部分时间银行在党群系统的推动下成立，如吉林团省委指导吉林省青年志愿者协会联合吉林亿联银行共同打造了“亿联志愿者时间银行”项目等。

总体来说，各地的时间银行实践既有单一的创建主体，也有多主体联合创建的情况。在具体实施过程中，政府、非营利组织、企业和社区彼此之间相互配合有利于形成完整链条，促进可持续发展。

（二）运行机制

技术支持、志愿者招募、存储时间的支取是保证时间银行项目顺利进行的重点。

1. 技术支持

时间银行主要需要提供两方面的技术支持，一是时间存储，二是积分计算。

（1）时间存储。志愿者作为“储户”在时间银行进行时间存储，存储的时间与其进行的志愿活动之间有一定的换算关系。个人可利用时间银行中存储的时间兑换相关服务等。

（2）积分计算。志愿者进行的志愿活动以积分的形式计入个人账户，可利用存储的积分进行生活物资等的兑换。例如阿里巴巴公益基金会制订出了一套方案，使用户在互联网上的爱心捐赠、捐步、种树等公益行为都有了统一的价值量化标准——公益时，阿里巴巴发布了《公益时评定准则》，这是国内首个衡量志愿服务时长和公益行为价值的标准。

2. 志愿者招募

志愿者主要可以分为两大类，分别是社（辖）区内的居（市）民和社（辖）区外的居（市）民。

（1）社（辖）区内的居（市）民。招募对象为社（辖）区内的居（市）民，如：社区中招募的低龄老年志愿者；老党员、社区骨干、楼门长等社区积极分子；招募并组建以年轻人及低龄老人为主的志愿者队伍，以 60 岁以上、尚不满 80 岁的低龄老人为主；由赋闲在家的农村妇女组成志愿者队伍，招募到的志愿者以 40 岁到 50 多岁、常居本村的中老年妇女为主。

（2）社（辖）区外的居（市）民。志愿者不局限于社（辖）区内的居（市）民，还可以是来自企业、大学等的社会志愿者们，优秀社工、派出所志愿者、医院志愿者、技校志愿者等；辖区商圈大党委成员、机关事业单位离退休干部、社会各界热心公益事业的人士，愿意陪伴少年儿童、照顾老人、有书画及表演才艺者等。

3. 存储时间的支取

从现有案例来看，志愿时长的兑换主要有供自己使用的实际回报、名誉奖励、实现二次公益三种形式。多数时间银行采取了多项兑换方式。

（1）实际回报。在自己或家人需要时，获取他人等量的志愿服务；兑换部分生活用品或米、面、粮、油等生活物资、书籍等；在“爱心超市”“社区微公益超市”（各地名称不同，但性质一致）或指定商店兑换物品，并可将积分用作代金券或享受打折优惠等；储户还可以获得免费使用机场贵宾厅、免费领取志愿者保险、免费体检等权益；兑换成相应的医疗服务和医疗支出；可以在社区老年食堂用餐；兑换公益福利和专业服务；免费到社区接受文体辅导；享受公交、地铁等公共交通半价优惠等。

案例：广西南宁青秀区新竹社区规定低龄老人志愿者为“定期”储户，领取“定期”储蓄卡，其他类型志愿者为“活期”储户，领取“活期”储蓄卡。“定期”储户如果有服务需求，可到社区发布需求信息，享受储蓄卡内同等时间的志愿服务。“活期”储户则不可换取服务，可在社区换取纸巾、酱油等生活用品，也可换取爱心组织提供的免费餐券、免费维修券等，还可以通过爱心捐赠方式捐给困难户。倡导以服务兑换服务，“定期”储户原则上最多只可使用储蓄卡内30%的时间换取物品。如志愿者因疾病、去世等原因无法再提供相应的服务，可到社区进行销户，未支取的时间依然有效，可供直系亲属使用，用完为止。

（2）名誉奖励。参与志愿活动可获得特定形式的名誉奖励，如：作为各类评比表彰的重要依据；市民政局牵头对参与养老时间银行志愿服务较好的市民，专项纳入“好市民”评选等。

案例：河南新乡五陵村时间银行之前的记录方式是时间币，在必要时可以通过时间币换取他人的志愿服务；后改为积分，除交换志愿服务外，还能获取村中提供的外出考察学习、就业岗位等多种福利。此外，每月月底还将公布积分排名，月初召开积分管理快乐会议，对前10名进行表彰，并请他们分享积分经验。积分分为A分、B分，A分仍然以志愿服务换取对等的所需志愿服务；B 分由储户的善行美德奖励而得，比如拾金不昧、见义勇为、考上大学、参军、评上好婆婆好媳妇、荣获“五美”庭院称号、积极参与村里的文体活动等。

（3）实现二次公益。以献爱心的方式捐给有需求的老人，让其享受免费护理服务，实现二次公益。

（三）成立目的

从成立目的来看，前面汇总的国内 98 家时间银行主要可分为 4 类：分别是互助养老、青少年培养、环境保护和实现居民自治。

（1）互助养老。是时间银行最主要、最常见的创建目的。主要用于养老驿站、养老照料服务中心的志愿者招募和吸引老年人参与到站点活动中。

（2）青少年培养。以中小学生为主要参与者，在银行“储蓄”志愿服务时长，获得理财“收益”，用时长免费兑换各种商品、文化娱乐如艺术培训课时、电影票等。以此提升青少年的团队合作能力、独立思考能力、动手能力等。

案例：湖北武汉江岸区球场街道小小志愿者时间银行主要是以中小学生为主要参与者的，在银行“储蓄”志愿服务时长，获得理财“收益”，用时长免费兑换公益课堂、儿童剧门票、电影票、旅游机票等各类福利。可持时间银行存折，到辖区内 30 多家社会组织、公益机构、辖区单位等各类联盟机构兑换公益福利和专业服务。按照规定，小小志愿者参加志愿服务累计时长达 1 小时，即可兑换志愿印章 1 个，换取“青翼”青少儿社区公益课堂 1 堂，累积 10 个志愿印章，可换取儿童剧、电影票等亲子套票 1 份。

（3）环境保护。结合当下垃圾分类的政策要求，利用时间银行开展各项活动，推进居民垃圾分类。

案例：两江新区天宫殿街道、暄洁控股公司党委在街企共建系列活动中，联合推出时间银行志愿服务，围绕“垃圾分类宣教活动”“分类闲置衣服定向捐赠”“‘垃圾小天使’选拔”等主题展开活动，将垃圾分类志愿者参与服务的时间存入时间银行。志愿者人手一本“时间存折”，详细记录每次服务时长和服务内容，用志愿服务时间换取实物奖品或其他社区服务项目（如物业管理费、停车费等）。

（4）实现居民自治。通过利用积分兑换等方式激励居民参与社区治理，有利于提升整个社区的居民自治水平，也是社区在社区治理创新方面的有益尝试。

案例：兰溪市兰江街道兰花社区推出时间银行，居民储存时长的志愿服务并不是于各地常见的照顾社区内的高龄、不能自理的空巢老人等，而是积极参与社区的各项活动，主动积极地投身到社区治理的过程中来，比如参与一次社区巡逻得3分，参与社区摄影比赛可获得50分等。同时可以凭借积分到"社区微公益超市"兑换实物或者服务，获得一定的回报。

三、典型案例——桃园居时间银行

桃园居时间银行由社会组织福惠老年人服务中心开发运行，已经建立志愿团队培育社、煮妇帮、洗衣坊、法律工作室、编织社、艾心堂、万家帮、便民服务社等多个互助志愿团队，是比较成熟的利用时间银行进行互助志愿者劳动计量的互助养老模式。

（一）桃园居时间银行的起源

福惠老年人服务中心在发展社区志愿服务队提供各类居家养老服务的过程中，面临服务成本高、志愿者队伍不稳定、服务项目分散、服务记录反馈评估不及时等一系列问题。在这一背景下，社会组织负责人探索建立时间银行，希望通过建设时间银行实现志愿者的分层分类管理和培训，通过服务时间记录与时间积分兑换礼品保障志愿者参与服务的热情，提升志愿服务积极性，达到可持续发展的目的。主要是安排志愿者代替专职社工人员从事文化娱乐、便民服务、上门探访等专业性较低的服务以降低成本，同时达到社区营造的目的，服务完成后，为各志愿者建立时间积分账本，记录每次服务项目时长等，便于服务反馈评估以及后期的监督与志愿者激励。目前仍处于手工记录阶段。

（二）桃园居时间银行的运行模式

1. 桃园居时间银行组织运行

截至 2018 年底，福惠老年人服务中心已经建立志愿团队培育社、煮妇帮、洗衣坊、法律工作室、编织社、艾心堂、万家帮、便民服务社等多个互助志愿团队。其中，志愿者团队被分为爱心帮扶型团队、幸福生活型团队、咨询提供型团队，均接受志愿团队培育社的指导。志愿者按照能力、兴趣等加入不同的志愿团队，有组织、纪律地进行特色志愿服务。桃园居时间银行管理架构如图 5—3 所示。

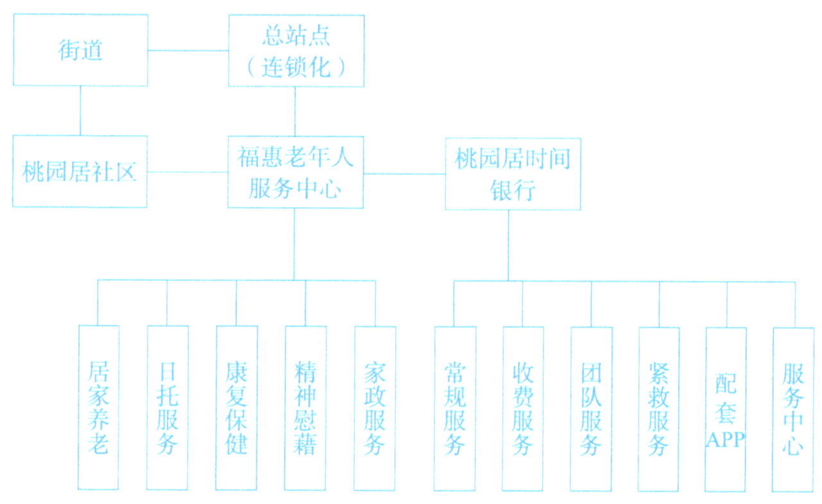

图 5—3　南京市桃园居时间银行管理架构

2. 桃园居时间银行服务内容

桃园居时间银行由微爱桃园志愿培育社负责运营，下设 14 支为老服务队，有万家帮、煮妇帮、洗衣房、艾心堂、法律工作室等，每支队伍都有几十位老年志愿者参与，鼓励“年轻”老人帮助“老”老人。

煮妇帮是为社区内老人提供早餐、中餐的服务项目。目前有早餐、午餐志愿者，主要开展餐前准备、上门送餐、餐后清洁等服务，保证用餐过程能安全、卫生、流畅地进行。服务时间为早上 5 点至 7 点半，中午 10 点半至 12 点。

案例：在建邺区兴隆街道桃园居社区的居家养老中心里，三名志愿者正在为辖区内的孤寡独居老人包端午粽子，包好的粽子已经堆成了小山。

“我们要包两百个左右。”志愿者樊利珍说着，手上的活儿却并没有停。干完这些活儿，她共花费了两个小时。这些时间会存在她的时间银行账户里，可以用来兑换保健服务、家政服务、日用品等。樊利珍是“煮妇帮”服务队的一员。今年66岁的她还从未使用过“时间银行”里的积分，她说，“我还年轻着呢，等自己年纪大了，有需要了再兑换”。

建邺区桃园居91岁的独居孤寡老人王宝珍没来助餐点吃早饭和午饭，负责人任文艳赶紧请志愿者黄美仙前去探望。原来，老人脚扭了，走不了路。70多岁的黄美仙提出，由她替王宝珍烧饭、打扫。黄美仙身体硬朗，靠低保金生活，因热心助人已积攒数百小时“存款”。按照12元/小时的兑换规则，这些时间可换成米油，还能兑换油烟机清洗券、电影券等。

洗衣坊的工作主要包括洗涤和缝补。由志愿者团队统一服务，洗涤物品为床上用品（床单、被套等），采取定时收取、集中洗涤、及时送回的方式。缝补对象为辖区内居民，主要为高龄、独居、空巢、失能老人。分无偿、低偿、有偿服务标准，为社区居民开展服务。每月两次定时收取物件进行洗涤或缝补，开展半年时间服务人次达到80人，服务团队为5人，存储时间有324小时，支出时间0小时。

案例：87岁的傅老师夫妇，以前家里一直请着家政服务员负责打扫卫生，每个星期费用是140元。后来社区社工了解到老人还有代购、看护等需求，就与14支服务队一起商量出一个综合服务方案。老人每个星期两次的家政服务由志愿者负责，并安排做饭、代购、陪聊、看护等志愿者上门服务。老人每每见到人都夸志愿者好、社区好。“现在一分钱不出，就有人来打扫卫生、做饭，很幸福！”

法律工作室主要为法律专业志愿者为社区居民提供专业法律咨询服务。主要内容有：①法律咨询，代写法律文书，参与谈判，协助参与社区的人民调解委员会的工作，对调解书内容进行审查、指导；②开设法治讲座，开展普法教育活动；③帮助修订、完善社区规约，审查合同、协议；④对社区内提出的法律援助申请进行初审，接受法援中心指派，帮助困难群众依法获得法律援助；⑤协助处理其他涉法事务。服务时间为每周二、周五上午9点至11点半，专业团队2人，截止到2019年调研时，服务人次达100人次，存储时间为512小时，支出时间为0小时。

编织社主要招募志愿者进行手工艺品的制作，其有两方面的作用，一是丰富老人自身生活乐趣，增加兴趣爱好，二是通过义卖手工丝网花、串珠产品等手工艺品筹集资金，所筹资金除了用于购买手工制作的原材料，也用于开展一些送温暖活动，比如冬季送老人围巾；为困难聋哑儿童筹集经费用于治疗以及购买设备，资助聋哑儿童 2350 元，购买材料 3600 元。活动内容有开展义卖活动、现场编织、编织培训等。编织时间为每周 3 次，下午 1 点至 4 点；截止到 2019 年调研时，编织社人数有 5 人，编织物件超过 1000 种，有围巾、丝网花、布贴画、串珠等。累计时间达 1800 小时，支出时间 1300 小时，折合费用 0.8 万元。

艾心堂由专业医生、志愿者共同参与而成，服务形式有站点内服务和上门服务两种服务类型，分为无偿、低偿、有偿三类。站点内设有专业艾灸、拔罐等多种保健器材，并定期开展各类保健活动，如保健讲座、医院义诊等，让社区居民足不出户就能享受到放心便宜的养生保健服务；同时艾心堂还开展上门服务，针对身体不便的老人，由志愿者定时上门为其提供量血压、测血糖等医疗保健服务。志愿者周一至周五每天服务 6 小时；服务对象为站点内所有老人，为失能、半失能老人提供上门服务；志愿团队共 15 人，截止到 2019 年调研时，服务人次超过 5000 人，存储时间达 3240 小时，支出时间达 2100 小时。

案例：80 多岁的于奶奶是时间银行的受益者。她腿脚不灵便，为老服务队特地为她制订了一个综合服务方案，两天帮买一次菜、一周上门量一次血压、两周上门把每天需要吃的药分好、半个月帮她去医院拿一次药……桃园居社区“福惠时间银行”负责人任文艳说，像于奶奶这样的失能半失能老人，“时间银行”有特殊照顾。“我们每个月会赠送相应的积分（政府购买服务），应当能涵盖他们每天所需要的服务。”

便民服务社主要利用社区平台，整合社会以及社区内部资源，发掘能人巧匠，鼓励有一技之长的居民投入到社区志愿服务团队中，为有需求的困境老人提供生活便民服务或转介服务，如上门理发、上门修脚、陪同就医、集中理发等。团队人数共 10 人，服务时间为每周一至周五上午 7 点至 9 点，服务形式为志愿提供或转介服务，服务类型不限。截止到 2019 年调研时，服务人次达 300 人次，存储时间为 400 小时，支出时间 0 小时。

（三）案例小结

（1）管理和规则构架灵活。南京桃园居时间银行管理和规则构架灵活，原因在于时间银行系统发端于社会组织发动志愿者服务时的实际需要而非空洞设计。

（2）依托社区和福慧老年人服务中心。桃园居时间银行由福惠老年人服务中心运营，社区为桃园居时间银行提供办公场所、活动场所以及积极分子及困难老人名单，极大地便利了桃园居时间银行日常运营、开展活动、吸纳志愿者、确定服务对象，有利于其各项组织工作的开展。桃园居时间银行提出建设"微笑桃园"，截至2018年底，已经建立志愿团队培育社、编织社、宣德堂、艾心堂、洗衣坊、法律工作室、万家帮、微爱帮扶社和煮妇帮等多个互助志愿团队。时间银行会对团队活动进行时间积分，该积分可以兑换礼物或中心提供的有偿服务，互助志愿服务时长则用于团队标兵的评比。另外，虽然组织、人员、活动由专业社工组织进行组织、策划、发动，但互助组织建立起来之后，团队内部的主导者——两个负责人已经可以开展常规活动，社工组织的工作重点逐步转向连接资源、承接项目以及开展更加专业、特色化的服务。

四、典型案例——广州南沙时间银行

广州南沙时间银行是在南沙区政府支持下，区民政局牵头实施的社区公益互助服务平台，由广州市南沙区社区服务宝运营中心负责运营，已经不仅限于志愿者管理系统和互助养老，而是成为南沙区社会治理的线上平台，推动互助社会的建设。

（一）南沙时间银行的起源

2015年，南沙时间银行承接老年人上门巡视服务项目。借助自己的平台，发动老人周围的邻居对老人进行上门探访服务（直至2019年，该项目转由家综承接）。

2015年，南沙党代表时间银行成立。该项目以南沙区基层各级党代表为主体，各支部选派一名党代表，结合自身行业、岗位特点、专业特长，带动引领广大党员群众开展惠民志愿服务活动。党代表所获时间币将全部捐献给帮扶对象，用于间接开展“二次志愿服务活动”。

2015 年底及 2016 年初，开发南沙时间银行 APP。当时南沙时间银行 PC 端已不能满足用户的需求，并且使用过程中存在许多问题，因而南沙银行开发手机 APP，让更多人能够随时随地随心地参与公益服务活动。考虑到南沙时间银行线下用户主要为老人，无法熟练使用手机，时间银行线下站点工作人员可帮助老人们在时间银行平台发布需求或承接服务。

2016 年，南沙时间银行与淘宝平台对接。广州市南沙区民政局发布《关于推广“南沙时间银行”项目的实施方案》（穗南民〔2016〕57 号），为时间银行的建设提供政策指导。同年，为吸引更多人参与时间银行项目，南沙时间银行对接淘宝平台，开通淘宝代付项目。用户可将时间币兑换为任意淘宝商品，而不仅限于南沙时间银行平台提供的礼品，极大地拓展时间币的使用范围及使用方式。

2016 年底，南沙时间银行推出大配餐项目，成为发展的一大转折。在进行社情民意调查后发现老人们存在用餐困难的问题，于是南沙时间银行推出大配餐项目，于 2016 年底在部分站点试点，2017 年将大配餐项目推广至整个南沙区。大配餐项目的推行使得南沙时间银行会员数激增，极大地促进了南沙时间银行的发展。

2017 年 10 月，南沙时间银行开始承接区民政局购买的社区服务综合体（社区治理）项目。该项目涵盖社区养老、社区便民、社区助残、教育文化、公共服务等内容，借助时间银行平台优势，连接社会各界资源，满足不同地域、不同人群的社区服务需求。截止到 2018 年 6 月，已发动商家 20 户、组建 37 支社区志愿服务队 386 名志愿者参与社区服务，同时开展配餐服务 133714 人次、社区助残 1160 人次、社区养老类服务 2840 人次、文化教育类服务 13231 人次、便民服务 1686 人次。

2018 年 6 月，南沙党员时间银行项目启动，助推南沙时间银行进一步发展。现全区 884 个党组织 20809 名党员加入党员时间银行开展志愿服务活动，依托时间银行这一平台开展党建活动，壮大了南沙时间银行志愿者队伍，并引领带动社会各界积极参与南沙时间银行项目。

2018年南沙时间银行计划推出居家养老服务套餐，受成本等因素限制，目前处于探索状态。该项目以南沙时间银行平台系统为支撑，以智能养老终端监控设备为辅助，对接村（居）委会、社区卫生站、社工机构、社会组织、志愿者、爱心企业，为老人提供定期巡查、身体状态监控、应急救治、日常家政、饮食、文娱活动等全方位居家养老服务。

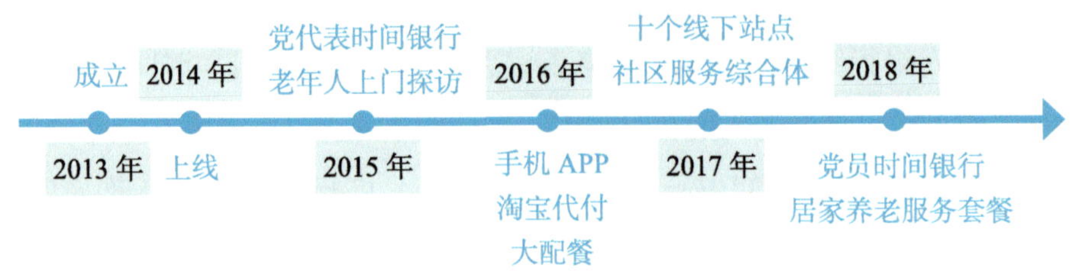

图5–4　广州市南沙时间银行发展历程

（二）南沙时间银行的运行模式

1. 南沙时间银行的组织运行

“线上+线下”，其中线下又分为“1+10+71”：即在区民政局设1个南沙时间银行管理中心，各镇街共设10个分站点，各村居共设71个服务点。管理中心具有统筹规划指导的作用：定期分配任务，指导各站点工作方向，审核各站点的服务方案，帮助协调解决各站点遇到的问题；分站点具有衔接功能：负责本镇街内宣传推广、收集信息、沟通协调、资源连接等工作；服务点负责村居的具体服务。

南沙时间银行各站点设有1~2名工作人员，其职责主要有五方面：一是宣传推广。开展南沙时间银行项目宣传推广活动，开展各类文化娱乐、讲座、上门服务等活动。发展南沙时间银行会员。二是提供线下支持。协助本辖区内不能上网或不会操作的会员发布、承接服务订单和确认服务结果。三是运营及信息采集。负责所在站点运营工作，并收集辖区内60岁及以上老人、残疾人、留守儿童等需要帮助的群体的信息。四是协调与对接。跟进、协调本辖区内的服务相关事宜，比如纠纷、投诉、供需双方的沟通等。并与镇街、各机构、商家等进行对接、协调。五是开拓、连接社会资源。站点工作人员每个月都要去连接志愿者或商业资源，以保障各项目的志愿者供应，推进社区公益发展。

平台响应方面：南沙时间银行会员涵盖社会各界人士，政府、企事业单位或社会团体的工作人员、社区居民等热心社会公益或有服务需求的人。加入会员的途径有：网站、手机 APP 或社区服务站代办注册。会员可通过南沙时间银行平台发布服务需求、承接服务项目、发起公益慈善、开展社区活动。志愿者经供需双方双向选择、双方评价后获得时间币，并将时间币存储在其时间银行账户中。南沙时间银行也会根据服务类型，有针对性地开展培训活动。当服务涉及残疾人或有其他专业性要求时，会招募专业的老师对志愿者进行培训。南沙时间银行平台使用流程如图 5—5 所示。

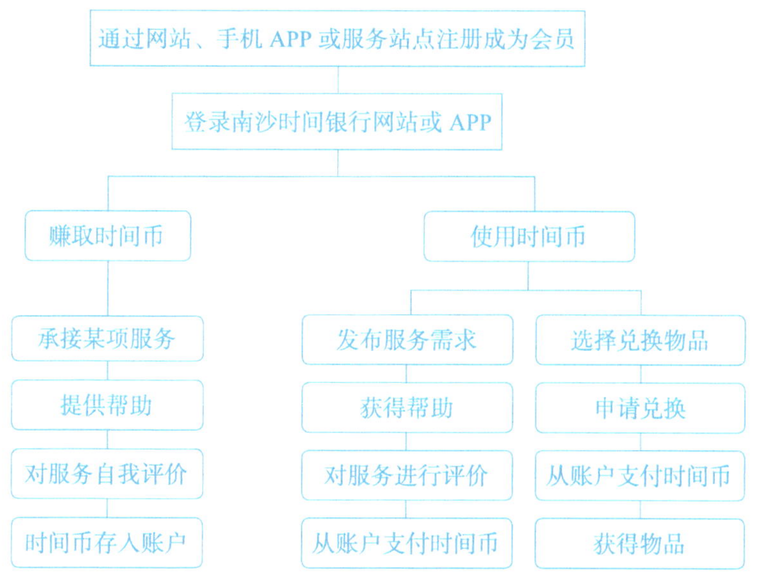

图 5—5　广州市南沙时间银行平台使用流程

关于时间货币的兑换及使用：南沙时间银行秉持“低偿、互助”理念，依据广州市上年度（调整兑换标准年份的上年度）社会平均与最低工资标准的中间值折算产生，1 时间货币等价于 1.9 元。时间银行的互助特色体现在时间货币不能折现，但可兑换服务或商品，亦可以转让、捐赠以满足二次公益需求。

个人及团体会员可向各时间银行基金捐赠时间货币，用于社区公益慈善事业以及时间银行的发展。没有时间货币的困难群众可以向各基金申请时间货币帮扶，并使用时间货币发布需求，其他成员承接需求并提供服务，由此实现时间货币的二次公益。同时，时间银行会员可在平台上发布需求并自主设置任意的时间货币奖励，以时间货币来交换获取一定的服务。在兑换礼品方面，时间银行设置了较为丰富的礼品，并根据市场价值折合为一定时间货币兑换，如200元购物卡需要104枚时间货币兑换，食用油需要28枚时间货币兑换。

2. 南沙时间银行服务内容

南沙时间银行目前承接的主要项目是：社区服务综合体和党员时间银行。社区服务综合体项目由民政局购买，通过时间银行平台连接各方资源，开展社区养老、社区残疾、社区便民、教育文化、公共服务五类服务；党员时间银行由南沙区组织部购买服务，要求党员注册成为时间银行会员，每年每名党员需参与2次以上志愿服务活动，其所获时间货币将全部捐入公益基金账户进行二次公益。如卫生医疗单位开展街边义诊或宣传活动，便通过时间银行招募党员帮助完成活动。

此外，南沙时间银行推出了诸多服务项目。特色项目有小小兴趣班、慰老服务、爱心食堂等。

案例：笔者2018年调研时，爱心食堂是南沙时间银行解决老年人日常饮食的项目。该项目以南沙时间银行为平台，政府、企业、志愿者、社区居民、老人等多方共同协力、各司其职、分担分摊，将成本降到最低，以定点膳食、配送到户的方式解决老人的就餐问题。通过南沙时间银行招募的志愿者，在爱心食堂为老人服务。“天气好就散步来吃饭、聊天，天气不好，志愿者就会把饭菜送到家里。”每到饭点，珠江街很多独居老人就到这里来一起吃饭，欢声笑语，其乐融融。

（三）案例小结

到2019年8月，南沙时间银行主要负责社区服务综合体和党员时间银行项目，共拥有1个管理中心，10个分站点，71个小服务站，会员62960名，团体会员1457名，需求总数36668项，对接完成31423项服务，现有时间货币总量达602226.35枚。南沙时间银行已经取得了一定的成就，其特色可以总结为以下几点：

（1）供给侧、需求侧共同发力。广州时间银行定位不再局限于从供给侧出发的，针对政府兜底的困难老人的互助养老和志愿者系统，而是在此基础上由供给侧和需求侧共同响应，扩大成为面向全体居民的虚拟社区综合治理平台，并尝试向福利经济体和社区经济体发展。

（2）依托科技真正实现了服务对接和响应。南沙时间银行真正做到了服务的对接和响应，不仅限于时间货币存储和兑换。从信息记录和人员管理角度看，广州时间银行依托互联网、区块链技术搭建时间银行社区服务平台，充分运用“线上＋线下”模式进行信息记录和人员管理。

（3）特色的管理模式。南沙时间银行拥有自己特色的“1+10+71”管理模式。即在区民政局设 1 个南沙时间银行管理中心，各镇街共设 10 个分站点，各村居共设 71 个服务点。管理中心负责统筹规划，分站点侧重协调与枢纽，服务点具体负责各项事务，三个层面共同发力相互配合，以特色的管理模式实现良好的管理效果。

（4）货币的二次公益。广州时间银行秉持“低偿、互助”理念，依据广州市上年度（调整兑换标准年份的上年度）社会平均与最低工资标准的中间值折算产生，1 时间货币等价于 1.9 元。时间货币无法折现，但可兑换服务或商品，亦可以转让、捐赠以满足二次公益需求，体现时间银行的互助特色。

第六章　民间抱团养老实践

前文所述的互助养老模式一般以政府资金支持为主、组织化程度较高。但事实上，基于老年人的多样化的现实养老需求，民间也在自发探索非正式的抱团养老的可行模式，主要以老年人或朋友、伙伴自发组织为主。笔者调研的成都馨挽秋“窝窝计划”尝试将抱团养老进行市场化经营，颇具特色和推广价值，本章也将进行详细分析介绍。

一、民间抱团养老发展概况

近年来，全国各地都在积极探索社会养老的新模式。抱团养老作为其中的新兴事物而受到关注，一些有趣的抱团养老方式被新闻媒体推广和报道。2017 年 12 月中央电视台《讲诉》栏目报道的杭州市余杭区 13 位老人的“抱团养老”故事也引起了全国的关注。目前，各地的抱团养老模式还有杭州市夫妇领头开展抱团养老、城市老人跟着保姆到农村生活、天津新兴南里社区的六朵金花，等等。

二、抱团养老的分类

伴随抱团养老作为一种全新的养老方式逐渐兴起，各地实践案例也层出不穷。既有老来回归自然，寄情乡野，抱团的城市老人们一起在乡村养老的模式，也有单身姐妹一同居住，互相照顾的实践，还有老同学、老同事居住在邻近地区彼此照应、开展文娱活动的事例。

事实上，现有文献对抱团养老的定义范围较为狭窄，不能囊括现实中日渐多元的抱团养老实践。孟凡丽指出了抱团养老的一种类型，即熟人自发形成的抱团养老，"'抱团养老'是指一些老年人出于自愿与熟悉的群体或者老人结伴养老的新模式。这些老年人或是同学、同事，或是邻舍近亲。"[1]刘景瑶对抱团养老的定义则另外突出了抱团老人需要同住的特征，"'抱团养老'是一种新的养老模式，他们或是老同事、老同学，或同住一个村庄、社区，自发"抱团"生活、休闲、互帮互助，变被动为主动，不仅子女不在身边的孤独感有所排解，也能老有所养、老有所为、老有所学、老有所乐。"[2]本研究将抱团养老界定为老年人通过互相照顾日常生活或开展文化娱乐活动等方式共度晚年的养老方式。抱团养老既可以自发形成，也可以由政府、企业、第三部门等组织推动形成，前提是形成互助小组或组织。抱团老人既可以是旧相识，也可以是基于共同的爱好或满足其他条件的要求等，从陌生走向熟悉，进行互助养老。

依据不同的标准，可将抱团养老分为不同的类型。

（一）根据形成方式划分

抱团养老可以根据形成方式的不同分为以下四类。

1. 自发形成

指由有需求的老人通过招募的形式发起或是原本就相识的老人自发组成的抱团养老。

（1）招募形成的抱团养老。

案例：2017 年 5 月杭州一对老年夫妇因感到孤单主动寻求合住老人，共有 100 多对老人报名，最终 4 对入选，老人们一同住在房主王奶奶夫妇位于杭州余杭长命村的大别墅内。别墅前前后后入住过 10 多位老人，王奶奶对住户的要求是"60 岁以上 80 岁以下，能自理，喜欢打麻将"。别墅有八个房间，业主对大多数房间的月租收费 1200 元，向阳的房间月租收费 1500 元，房租用于支付聘请的厨师、园丁、保洁阿姨工资和房客的日常

1 孟凡丽 . 对同质群体"抱团养老"现象的探析 [J]. 劳动保障世界 , 2017(32)：22.

2 刘景瑶 . 关于"抱团养老"模式的探索与分析 [J]. 管理观察 , 2016(23)：68-70.

用品。老人一同制定《结伴养老协议》并不断完善，包括房租、责任、生活成本和一套行为准则，要求他们尊重彼此的兴趣爱好，互相帮助、谦让，不准扰乱邻居的休息或谈论他人是非等。

每户租客每周帮助做一天家务，包括做早餐、烧水、买菜、帮厨、洗碗、倒垃圾等。老人们每顿饭都聚在一张大桌子上吃，饭钱按顿数算，早餐一画，中餐晚餐两画，一天一个正字，老人们在这儿开销一月每人不过两三千，比养老院划算。他们很少有大的集体活动，吃完晚饭，大家出去散步半小时。下雨天，就排队围着客厅的沙发转圈。散完步，大家关上各自的房门，四人麻将是每天固定的活动。

（2）相识老人结成的抱团养老。

案例：在大连市西岗区日新街道红岩社区，八位异姓姐妹老邻居组成了养老姐妹团，最大的 88 岁，最小的 63 岁。八姐妹各有所长，生活中互相帮忙是常态。她们彼此牵挂，每天谁开门晚了都会去关心一下，避免发生意外。

2. 政府推动

由政府积极整合多方力量，通过共建场所、共享资源、共同管理实现抱团养老新模式。政府出资建设综合“养老楼”，使辖区内有需求的老人可以住进安全的房子，并使空巢的孤独老人得以有休息、娱乐、互相照料的独立活动场所，安享晚年。

案例：福建罗源县飞竹镇梧桐村的“养老楼”，由罗源县民政局统一建设，为老年人提供就餐、文化娱乐、休息等照料服务。“养老楼”一楼客厅、休息室、厨房、餐厅一应俱全，电视机、棋牌桌、书籍、健身器材，应有尽有。“这里是我们村最热闹的地方，村里有 100 多位老人，每天来这里的就有 30 多位。”徐支书说农村最需要的就是人气。施老人 80 多岁，原来孤身一人住在危房里，照顾他的生活起居成了一个急需解决的问题，2015 年“养老楼”建成后，他就搬进去和其他 10 多位老人开始了幸福的生活。“我们每个人都有独立的卧室，早晨就去楼下散心，还有人陪着聊天、下棋、看电视。我在附近种了点菜，还能自己下厨。”

3. 市场运作

由企业通过明码标价、收取费用的方式实行的抱团养老。

案例 1：武汉市的“乐龄旅居”项目就属于市场运作的抱团养老。旅游企业明码标价去不同地区旅居的价格，老年人可根据自身偏好选择。报名参加后，实现一群去相同地区旅居养老的老人们一起在慢节奏的旅游中养老。

案例 2：馨挽秋贴身老年服务中心成立于 2014 年，属于民办非企业单位，县民政局指定居家养老服务机构。“院落窝窝”计划是在社区嵌入式养老背景下的一个院落“互助、抱团、共享”计划，即由中心帮助高龄独居、行动困难等有养老服务需求的老年人组成互助小组，中心负责在院落建设营造一个居家情境式的“窝窝”（一套可休闲、娱乐、就餐的房子），大家一起过着“窝窝日子”，日常主要有文化娱乐、助餐服务、家政保洁、生活照料等基础性助老服务。除此之外，中心同步在社区嵌入其他社会化助老资源以及机构养老资源。

4. 社工组织推动

由社工组织推动促成的抱团养老。

（二）根据是否同住划分

抱团养老可以根据是否同住划分为以下两类。

1. 同住

老人们共同居住在一定的空间内，同一间房子、同一栋楼、同一个小区、同一个养老机构等。

案例：邢女士当初准备住进机构养老，亲戚朋友考虑到养老院多半是陌生人，怕她入住后不习惯，大家就决定一起到养老院生活，现在他们一起住在宏善护养院。院里专门拿出一栋楼的所有床位，建立了一个养老机构中的“熟人社区”。目前，入住了几十名老人，分属 6 个亲属、朋友群，效果不错。这种模式的优势较为明显，养老院里都是熟面孔，让老人不会有脱离亲属的感觉，子女心里也踏实了许多。而且，建设“养老社区”也可以有效提高郊区养老床位入住率。

2. 不同住

指老人不居住在同一空间内，定期相聚，开展娱乐、休闲活动，逢年过节互相拜访。

案例：十朵金花的“抱团养老小分队”已经发展到有10人了，最开始的三位奶奶是邻居，她们三人每天早晨都会一起出去晨练，于是认识了其他好友，不多不少正好她们10个人玩得最好。她们文化程度不同、家庭情况不同、经济条件也不同，但由于她们知根知底、互相信任、能说心里话、能合得来，所以关系日益亲密。每天，奶奶们6:30在门口集合，去附近的公园晨练；7:30吃早饭，早饭后看书、侃大山；12:00吃午饭、看电视，午休一会儿后，15:00打牌或者做其他活动；19:00吃完饭后各回各家睡觉。她们一起玩耍，但不互相干涉，十个人有各自独立的居住空间。

（三）根据抱团养老的内容划分

根据抱团养老的内容可以划分为以下两类。

1. 照顾型

以互相照顾饮食起居为主。

案例：原本住在辽宁的老卢两口子和当年一起上山下乡的老知青们，住在广西的一个小区的同一栋楼里抱团生活。为了避免日常生活中发生小分歧，他们做好分工：大家轮流做饭，伙食费AA，每人每月500元，不做饭的就负责刷碗、收拾屋子擦地，每天做什么菜式也是大家商量。老朋友们约定抱团生活的人数不能少于4个，生病了大家一起照顾，重病帮忙送医院。

2. 娱乐型

以开展多姿多彩的文化活动丰富老年生活为主，大部分身体状况良好。

案例：2006年10月，武汉市的老三届同学开始一起出版《老三届·心雨》杂志，让其成为大家晚年生活的精神食粮，丰富老年生活。这些抱团老人都是1968年12月28日从武汉市二十九中去赤壁官塘驿镇下乡的“老三届”知识青年，他们从小是街坊，一起上学又一起下乡，如今，抱团养老已经十余年。除了杂志，“老三届·心雨”旗下还有艺术团，艺术团包括歌舞队、合唱队、乐队、模特队。该抱团养老模式以“心雨”系列为纽带，以大家共同出资搭台，文化艺术节目唱戏为内容，构建了一个温暖的精神家园。搭建和维护这个精神家园的，是29中老三届校友“心雨”联谊会。联谊会有会长、副会长、秘书长，还有《老三届·心雨》编辑部。

（四）根据抱团养老时间长短划分

根据抱团养老时间长短可以划分为以下两类。

1. 长期抱团养老

老人们长期互相照顾、扶持，具体又可以分为两种情况。一种是固定的老人小团队形成一个养老圈子，多年来持续进行抱团养老活动，另一种是两位老人在相恋的基础上长期“搭伴养老”。

（1）老人小团队开展的抱团养老。

案例：厦门7位老奶奶，年纪最大的92岁，最小的80岁，十多年来坚持每周一聚。她们在聚会中读报、刷微信，了解国家大事，分享养生知识，有时也聊聊家长里短，发发牢骚。一人生病，集体帮忙。

（2）黄昏恋“搭伴养老”。

案例：68岁的徐女士，一生未婚，在6年前的一次内蒙古知青聚会中，认识了现在的“老伴”黄先生，两人交流起来很投缘，就慢慢熟了。黄先生今年70岁，14年前妻子因患癌症过世。退休后，他选择留在南京养老，一直没有再婚。考虑到经济纠纷，两位老人并未履行婚姻手续。徐女士说：“我们都有工资，经济上互相独立，采取AA制，搭伙过日子。我们在一起只为搀扶依偎、互助养老，没必要再走法律婚姻形式。”

2. 短期抱团养老

指老人们通过暂时性的活动在短期内进行互助的抱团养老。

（五）根据抱团养老是否收费划分

抱团养老可以根据是否收费划分为以下三类。

1. 明确收费

明确规定房间或床位的金额以及每月所要缴纳的费用，等等。

案例：40多岁的童女士带着老人回村，以前在城里做保姆，是该村第一个开展寄家养老服务的人，而90多岁的沈老先生，截至2018年已跟随她在村里生活了1年多。“我家有4个寄养老人，3个是城里人，1个是农村的，最长的在这里住了快5年了。”童女士介绍，老人每人每月收费2000多元，包含吃住。

住杨家村5年的这位退休老人姓盛，家住雨花台区，2012年得了脑中风，老伴早在几年前就去世了，由于生活不能自理，老人常年住在医院，但昂贵的住院费令她承受不起。2013年，童女士在省第二中医院做陪护时，了解到老人的遭遇后十分同情，就问老人愿不愿意跟她到乡下去生活，老人非常乐意。没想到这一住就是5年。

2. 平摊支出

抱团养老的老人们采用AA制，平摊抱团过程中的各项支出，包括但不限于旅游、饮食及其他日常开支等。

3. 无明确收费

抱团养老的过程中没有明确的收费规定，主要就是彼此之间相互扶持、照顾，一起聚会、参加活动等。

案例：南京大学退休教师吴女士与学院其他4名退休教师在郊区同一个楼盘购房，楼栋号相连，方便彼此照应。“城里太嘈杂了，空气也不好。我和老伴都70多岁了，不用上班，儿女又都定居国外，我们没有后顾之忧，所以就住到这里来了。”吴老师说。平常，他们这些老同事们会一起爬山、打牌、聊天，“我们每天早晚要见几次面，周末几家还要聚一聚。”

三、典型案例——成都馨挽秋窝窝计划

馨挽秋贴身老年服务中心成立于2014年，属于民办非营利企业，市（县）民政局指定居家养老服务机构。“院落窝窝”计划是在社区嵌入式养老背景下的一个院落“互助、抱团、共享”计划。

（一）窝窝计划的起源

“这里伙食很好，吃饭放心，而且娱乐活动也多，还有专职照料员来服务。”提起家中院落的养老服务点，80岁的卓昌勤满脸笑容。卓爷爷提到的，正是成都高新区试点开展的“院落窝窝”计划。起初，馨挽秋主要是

在社区日间照料中心开展老年餐厅、文化娱乐、助老服务等，在街道、社区和社区居民中收获较大的认可。但是，在探索过程中，馨挽秋负责人发现了以下问题：一是这些来社区活动中心参加文化娱乐活动、吃饭的老年人只是因为有政府补贴、便宜才来，2018 年成都市助老政策作出一定调整后，依靠补贴就餐人数急剧减少。从另一个角度来看，这些过来吃饭的老人有很多都不是真正的刚需群体。二是能来社区活动中心的多以身体健康的自理活力老人为主，而社区中急需照料帮助的失能、半失能老人并没有照顾到，这部分人有养老服务刚需，即使政府不补贴，如果服务到位，他们也会愿意出钱购买服务。于是，2019 年，馨挽秋将服务人群定位在高龄独居 / 空巢老人、行动困难老人和对专业上门照护有需求的老人，提出了解决家庭到社区一公里范围内的养老问题的“院落窝窝”[1] 计划，力求能提高真正有养老服务需求的老年人的养老福祉，同时实现企业的内部可持续发展，降低对政府的资金依赖性。

（二）窝窝计划的运行模式

1. 窝窝计划运行

窝窝计划虽然看似简单，但实际需要各个方面的有力配合。在服务体系方面，主要包括线下站点、线上平台和秋果币系统（也即内部货币系统）三个系统。一是线下的实体站点：包括社区活动中心、院落窝窝和未来要发展的机构窝窝。二是网络平台：发展“互联网 + 保障”模式。三戳云科技公司为企业信息化发展提供技术支持。通过信息化，保障家人监督实时化，企业管理“公开、透明、扁平化”，确保老人实现在地安养。三是秋果币系统：企业内部计划通过运转一套充值货币体系，可用现金、志愿服务、政府补贴的积分以及物资兑换秋果币，老人可以以物抵现、以工抵现，以此解决部分老人入住资金不足的问题。同时，利用秋果币系统也可以有效黏合

1　该项目的主要方向是分层建设新建家庭，在新建家庭中首先解决老年人较低层次的生理需求，其次是做好老人的专业护理。“院落窝窝”项目第一间于 2019 年 2 月 19 日（元宵节）正式开业，运行状况良好，目前有少数“窝窝”站点实现了回本盈利。2019 年下半年企业还将会在成都地区国企中产、农迁院落、社会商品房三种业态的小区继续开展试点调研，为“院落窝窝”挑选更多适合的地址，让更多有需要的老人入住。

志愿者团队，用低于市场价的秋果币即可有效嘉奖志愿者。且志愿支付的秋果币只能在企业内部兑换服务，也能更好地黏合低龄健康的志愿者老人。

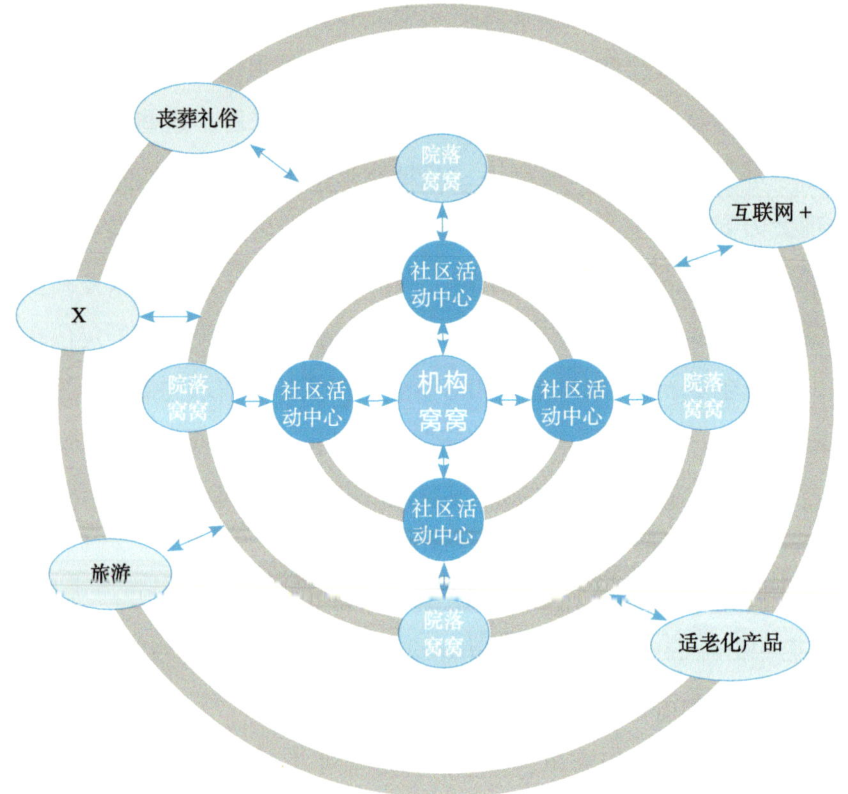

图 6—1　成都市馨挽秋虚拟养老社区示意图

2. 窝窝计划服务内容

在服务项目方面，主要包括机构养老服务、社区活动中心服务、院落窝窝服务以及外围的各类增值服务。如图 6—1 所示[1]。

1　“机构窝窝”是馨挽秋和品牌企业合力打造的专业护理性机构，主要针对高龄、失能和有机构照护需求的老人开设，费用相对较高。“社区活动中心”用于开展专业化的具有共享特色的老年服务，如餐桌活动、按摩理疗、康复训练、常见疾病诊疗、老年大学课程等。项目偏公共资源性质，场地由街道提供。“院落窝窝”是在社区活动中心的基础上继续延伸。馨挽秋在选定的社区中寻找合适的房子建立“窝窝”，让老人在社区内享受“专业、便利、个性化”的生活照护服务。内有企业雇用的保姆 24 小时为老人提供助洁、助餐、助浴、助行、助医、助急等服务，厨师为老人提供个性化点菜服务，低龄志愿者提供看护服务，负责人适时巡逻关怀。窝窝内部棋牌、家电一应俱全，可满足约 16 位老人的正常娱乐休闲活动。定位为补充子女的日间缺位。“互联网 +”“旅游”“适老化产品”“丧葬礼俗”等项目是增值服务，努力满足老人及其家属的个性化需求。

图中的四类颜色代表四类项目，这四类项目既可以独立存活，也可以相辅相成。通过“社区服务中心”和“院落窝窝”项目与当地老人建立逐步深入的情感基础，了解他们进一步的需求，精准拓展一系列的增值服务，让老人的各项需求都能在企业框架中得到满足。馨挽秋以社会组织的身份，向外对接多样化的优质养老服务，再结合社区具体情况，牵引所需养老服务嵌入社区。它们未来都将以实际的载体承接各种养老资源的导入。

笔者分别于 2018 年 12 月和 2019 年 7 月调研了他们在成都芳草街道元通社区承接运营的日间照料中心和拓展的窝窝站点。目前落成的具体服务项目如图 6–2 所示。机构将其总结为“1234567”这 7 个数字：

1 是指在老人集中居住的院落嵌入一个“院落窝窝”助老服务点；

2 是指每个“院落窝窝”助老点配备 2 名共享工作人员：窝窝保姆 + 窝窝管家；

3 是指“院落窝窝”主要服务三类特殊人群：高龄独居、高龄空巢和行动困难人群；

4 是指项目由四方联动“政府—企业（社会组织）—老人—家属”；

5 是指“院落窝窝”助老点提供的社区基础“五有服务”：三餐有人料理、情感有人关怀、健康有人关心、安全有人保障、生活有人照料；

6 是指“院落窝窝”提供六大居家养老服务功能：窝窝助餐、窝窝家政、窝窝应急救援、窝窝照料、窝窝适老化改造、窝窝公益；

7 是指每周七天，风雨无阻，全年无休。

案例：以元通社区的“01 窝窝”为例，这个窝窝现有 16 个老人常住，1 名窝窝保姆（厨师，家住小区里，与老人是邻居且熟识）为老人提供个性化点菜和照顾服务[1]，2 名低龄老人志愿者帮忙看护、送餐。窝窝老人一般上午过来，根据需要打牌，聊天，看电视，窝窝保姆会出门到附近的菜市场采购新鲜的食材、回来做饭，整个流程痕迹全部上传至企业系统平台，进行实时监督。到中午，一些在这里包餐的老人也陆续来到站点领取饭菜，腿脚不便的老人的饭菜由低龄志愿者老人负责派送。午饭后，窝窝站点设有少量床位可供老人休息，老人可以选择在站点休息或者回家稍作休息后

1　中饭 460 元每月，标配两荤一素一汤；晚餐 400 元每月，标配两素一荤一汤。

再回站点活动。晚饭过后，老人陆续离开站点回家休息，如果有情况需要帮助，可以24小时联系窝窝保姆。同时，站点定期会举行手工、棋牌等活动，或者带老人们去公园旅游、给窝窝老人庆生，均采取AA制的形式[1]。林婆婆的七十七岁大寿，早就叮嘱了儿女，生日派对一定要在窝窝操办，请老人们到场来一起庆贺。生日那天，林婆婆的儿女家人准备了丰盛的饭菜、生日蛋糕等，邀请了平时在窝窝一起相熟的老人，过了一个热热闹闹的生日。不止林婆婆，从那以后起，不少老人都选择了把生日放在窝窝里过。

机构窝窝

- 机构窝窝是馨挽秋和品牌企业合力打造的护理机构，可以提供24小时全天医养照护。

窝窝平台

- 保证家属通过网络平台能实时了解窝窝老人的动向。

院落窝窝

- 小区（院落）内建点，就是提供“专业、便利、个性化”的适老化服务。
- 包括窝窝点位的日间照料、个人照护、膳食供应、精神文化、按摩理疗、康复训练、教育咨询、心理安慰、文体休闲、家具适老化改造等服务。
- 保证三餐有人料理、日常有人关怀、健康有人关心、安全有人保障。

窝窝服务

- 窝窝生日：窝窝老人互相庆祝生日、举办活动。
- 窝窝比赛：定期举办窝窝棋牌赛，丰富老人的生活。
- 窝窝旅游：采取自愿、自费模式组织老人出门旅游，给老人拍照留下美好回忆。
- 窝窝家长：在每个院落窝窝中挑选出最积极有责任心的老人担任，负责统筹、汇总窝窝老人的意见。
- 窝窝志愿者：由社区中低龄健康老人组成，低偿帮助腿脚不便的窝窝老人上门送饭、帮忙照看窝窝老人，做一些辅助性的工作。
- 窝窝伙伴：品牌企业陪伴，满足老人居家养老、机构入住、临终与礼赞人生等服务。目前合作伙伴包括：成都高新区秋雨秋韵养老服务中心、阆中市知秋居家养老服务中心、成都市青羊区安康年养老服务中心、仪陇县馨挽秋贴身老年服务中心、北京同泰—爱佑汇（礼赞人生）、成都市福泰年企业管理有限公司、成都市高新区博力医院。

图6–2 “窝窝”计划目前链接完备的服务项目

---

1 窝窝计划的特色还包括：窝窝保姆会将老人的一些生活照片上传到网络平台与老人子女共享；窝窝站点设有针对阿尔茨海默病专门的训练空间，老人可以在家属或者站点工作人员的陪同下进行康复训练；一旦机构负责人发现老人的身体情况已经不适于接受窝窝站点简单的日间照护时，负责人会与老人家属沟通将老人以优惠的价格送入专业机构接受专业护理。身体好转后，老人可送回窝窝继续享受服务；窝窝计划中的其他增值服务还包括适老化产品、旅游、保健、互联网、丧葬礼俗等。

（三）案例小结

由企业运营窝窝计划（老年人互助小组）、提供养老服务这一形式是符合老年人心理特点、养老服务需求和市场规律的，非常具有推广意义。企业可以帮助老年人可持续地“抱团”，同时在互助养老的基础上拓展市场型的各类服务，满足企业自身发展的需求。其特点（优势）可以总结为以下五个方面。

一是从老人需求出发而非从服务供给侧出发。窝窝计划的服务内容精准匹配老人需求，每个“院落窝窝”点位都会根据当地老人的需求灵活调整，呈现出不同特色。服务内容不贪多求全，追求精准化、小型化、日常化，将追求“就近、便捷、专业”作为企业发展的根本。这样的发展理念使企业能够获得老人的认可而盈利。如“01 窝窝”所选的小区是单位小区，老人间的组织网络、信任网络是天然的优势，窝窝成员是通过熟人间的推荐介绍而来。同时，窝窝服务的提供处于舒适范围，“院落窝窝”较社区活动中心而言距离更近，较居家保姆距离稍远，处于既方便老人随时接受服务又能有效减少老人与老人、老人与保姆之间因接触过密导致摩擦的舒适距离，给予老人一部分自由可调控的私密空间。

二是将互助与市场相结合，形成自己的产业链。社会企业也有造福社会——解决社会问题的目标，但它比社会组织多了趋利属性、丰富的经营经验这两个特点，因此社会企业也更有生命力。窝窝计划实际只是馨挽秋养老产业体系建构中的一环，但也是最不可缺少的基础一环，以具体的“院落窝窝”为依托黏合老年人，同时链接外面的资源，构建了一个可以将各类养老资源逐步导入的整合框架，服务可零售、可组合、可延伸，有效盘活社会资源。

三是构建与老年人消费相适应的秋果币系统。课题组调研时，其正在尝试搭建内部货币系统，一方面能够激励志愿者，另一方面，如果能建立城乡之间的供销对接——秋果币货币体系，农民用农产品换取秋果币，秋果币换养老服务，城市老人用秋果币换农产品、换养老服务等，可以进一步完善企业运营的自循环的目标。

四是“耐心、爱心、恒心”的企业文化。养老服务行业属于微利行业，需要对老人的真正用心以及一定的服务购买量来维持。馨挽秋的负责人是既有理想、有爱心又有经营头脑的一对兄弟，他们推崇“耐心、爱心、恒心”的企业文化，强调老人的个性特点和需求特点有所差异，所以照护老人的过程中工作人员需要保持耐心；大部分老人对养老行业的抗拒态度、老人生理变化迅速增大了服务人员的工作难度，需要工作人员始终保持恒心；一线服务人员在照护病患老人的过程中会面临比较不堪的工作情境，需要保持一颗爱心。笔者认为这是非常重要的。与此同时，馨挽秋将提升每个点位的服务水平作为发展的根本，不盲目扩大规模、扩展服务，不追求高档，而追求精准，做到小型化、日常化，这种做法也增加了企业控制自身风险的能力。

五是帮助家庭功能重建。就现代社会而言，很多子女受居住距离、工作性质、耐心和照顾能力等因素影响，无法给父母提供贴身的照顾，并且子女的照顾也不一定专业。窝窝计划既让老人重新找到“家”“组织”“集体”的感觉，又满足了子女照顾父母的孝心。一方面，窝窝站点提供空间平台，给老人打造专业、安全的站点环境，辅以监控设备实时反馈老人动态，让子女更放心、老人更舒心，协助每一个家庭“哺育、哺恩、反哺”。另一方面，窝窝计划使老人相互抱团养老，解决了子女远距离照顾难的问题，弥补了原生家庭日间照料的缺位，给予老人情感关怀。老人之间更易沟通、理解，故可利用老人之间的友情弥补老人因子女繁忙造成的亲情缺失。换言之，窝窝计划就像给老人打造了一个全新的“家庭”，给老人以新的归属感。

第七章　互助养老的国际实践与经验

由于西方发达国家人口老龄化进程相对漫长，互助养老在日本、德国、美国、英国等国家都进行了较长时间的实践探索，虽然主要以自下而上的“草根”组织探索为主，但其发展模式及先进经验对我国发展互助养老仍具有重要的启示作用。本章就以这些国家的典型案例为引，总结概括出可为中国所借鉴的经验。[1]

一、美国互助养老的实践与经验

美国快速的人口老龄化和大多数老年人倾向于尽可能长久地在自己家中养老的愿望迫使人们不断创新养老模式，为老年人提供居家养老的服务支撑。但政府支持力度有限、制度保障缺位等因素促使老年人自发地探索经济上负担得起的非政府策略。他们充分利用自身的财力和社会各方的资源和服务，实现居家养老的目标。其中最具代表性的就是村庄模式和长者计划。

（一）村庄模式

“村庄”是自下而上的会员制互助养老共同体的简称，是以会员会费支撑组织运行的非营利性会员制志愿者组织。“村庄”以社区为单位，由具有居家养老愿望的会员组成，会员同时充当管理者和志愿者，会员之间通

1　本章案例除参考注释中的中外文献以外，其他资料主要来自于各项目的官方网站，详见书后参考文献。

过互助服务满足养老需求。同时，“村庄”也为会员提供质优价廉的专业性服务，尽最大可能满足会员居家养老的需求。村庄模式充分利用了会员自身的能力和财力，实现了自我管理和自我服务，其在利用会员资源的同时，也满足了老年人社会交往的精神需要。

1. 发展历程

村庄运动始于波士顿的比肯山村庄（Beacon Hill Village，BHV），是由波士顿比肯山社区的十几位希望居家养老的中产阶级老人于2001年开发创建的。需要注意的是，村庄在此并非指中国行政区划意义上的村庄，而是指非营利性会员制志愿者组织。其后村庄模式迅速发展，扩散至多个州，形成村庄运动。2010年，BHV与非营利性社区发展机构Capital Impact Partners共同成立服务于村庄的全国性平台——村际网络（Village to Village Network）。如今在美国41个州和哥伦比亚特区中，有240多个开放的村庄，还有100多个正在开发中。

2. 运行模式

（1）组织。

村庄是老年人的会员制组织，由志愿者和有偿工作人员运营，鼓励会员积极参与管理，同时激励他们充当志愿者为其他会员提供力所能及的服务。

在组织结构方面，村庄一般设有董事会和委员会。董事会负责监督村庄（包括委员会）的各类服务活动和日常运行情况，由村庄会员选举产生，进行自治管理。委员会根据村庄的需要而设，如计划委员会致力于为村庄制订计划和活动，服务委员会负责确定针对会员需求和问题的解决方案。一般岗位通常包括负责行政事务的执行理事以及协调会员和志愿者的协调员，其他岗位因需而设。聘用雇员时会员优先，大多数会员雇员作为志愿者无偿兼职。

在服务供给方面，委员会首先对会员需求进行问卷调查及访问，并密切关注会员的主动求助信息，以此充分了解会员需求。随后，衡量会员志愿者可提供的服务内容及数量，对于存在缺口的服务项目，委员会会在社区及其周边寻求价廉质优的外部服务商的帮助，以此尽可能地提供多样服务，切实满足会员需求。

（2）服务。

村庄主要由村庄志愿者（包括会员志愿者和非会员志愿者）和外部服务商为会员提供服务。

村庄志愿者为会员提供免费、低偿或有偿的服务，主要包括四类：一是个人服务，如电话问候、宠物照料、入户拜访等；二是家政服务，如房屋清扫、简单的家具修理等；三是交通服务，如搭载会员就医、商场购物等；四是社交活动，如组织聚会、外出旅游、老年教育等。

外部服务商主要提供价格优惠的专业服务，如医疗护理、专业维修、远距离交通运输、家庭卫生及安全评估、理财咨询等。外部服务商主要以三种形式与村庄合作提供服务：一是与村庄签订协议提供优惠服务，偶尔有未签订协议的服务商加入服务商名单供会员选择；二是偶尔提供免费服务；三是原价提供服务，村庄充当中介为会员提供获取服务的途径[1]。

案例：在村庄模式下，成员们相互帮助，营造了和谐友善的氛围。在美国的新迦南小镇，三四月份新冠肺炎疫情期间，志愿者持续购买食品杂货来确保老年人的安全，恩典农场每周向成员捐赠美味的汤，志愿者会打电话来关心成员，还有成员珍妮从其他成员处筹集了资金，组织了一群志愿者，为 150 个家庭送去了美丽的花卉、巧克力。这些都充分显现了村庄模式的意义和作用，体现了村庄成员的温度以及新冠肺炎疫情也无法影响的成员之间的美好感情。

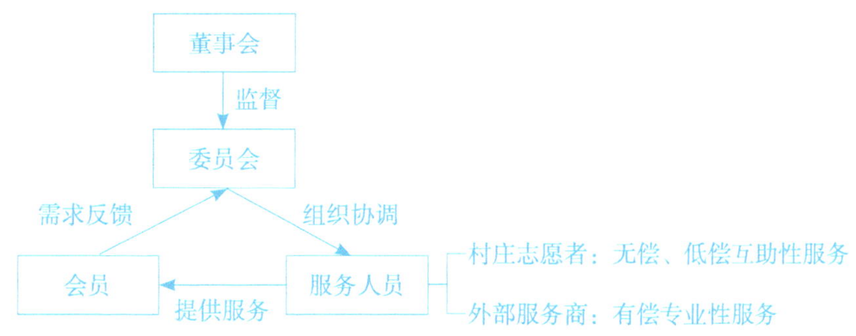

图 7–1 村庄服务供给模式

1 张彩华，熊春文．美国农村社区互助养老“村庄”模式的发展及启示 [J]. 探索，2015(6)：132-137.

（3）支持。

村庄的资金主要来源于会员的会费和捐赠，暂未获得美国政府的财政支持。会费根据村庄和会员类型而定，2010 年，个人会员的年费从 35 美元到 900 美元不等，中位数为 425 美元，家庭会员的年费在 75 美元至 1200 美元之间，中位数为 625 美元，对一些低收入会员有一定的折扣减免[1]。捐赠的来源较为多元，大部分通过筹资活动获得，少数为个人或非营利组织等主动捐赠。

Helpful Village 为所有成员和志愿者提供在线平台，为村庄会员和志愿者的服务对接以及工作人员的管理工作提供技术支持。使用技术有助于有效地满足服务需求，便捷迅速地实现服务供需双方的对接，不需要工作人员的人为干预，使乡村模式变得更易于操作，且更便宜。同时其使用算法和数据更有效地与老年人进行互动，确定感到孤立、沮丧的老年人名单，以便给予他们更多关注和服务。

此外，Village-Village 为村庄提供了重要的组织支持。村际网络是全国性平台，其帮助有需要的社区建立村庄，并为村庄提供信息和建议，促进村庄间的信息共享；召开年会，为相关人士提供交流经验的渠道；并与基金会合作为村庄提供资助，从而保障并促进村庄的发展。

3．案例小结

村庄模式的主要特点如下：一是会员参与和共兑是村庄人、财、物的主要来源。一方面，村庄的会员制结构呈现出合作所有制形式，会员进行自我管理，参与村庄发展过程，并作为志愿者互相提供服务。另一方面，村庄的资金很大程度上来源于会员交纳的会费。二是连接外部资源，提供多样化服务。村庄与诸多企业形成了合作关系，由企业提供价廉质优的专业服务，弥补志愿者提供的服务专业性不强的缺陷，从而更好地满足会员需求。尽管村庄模式独具特色，但其发展仍面临资金来源不稳定、会员招募困难、会员类型存在局限等问题。

---

1 Andrew Scharlach, Carrie Graham, and Amanda Lehning. The “Village” Model: A Consumer-Driven Approach for Aging in Place[J]. The Gerontologist, 2012, 52(3):418-427.

（二）长者计划（Elder Plan）

长者计划依托罗伯特·伍德·约翰逊基金会而建，是一家非营利性社会健康维护组织（HMO）。其为成员提供管控型的医疗保险，即为成员提供健康管理，旨在通过预防和综合协调医疗服务，提高成员的整体健康水平，从而减少医疗费用。长者计划的特殊之处在于其采用了时间银行的模式，将互助与医疗健康项目相结合。

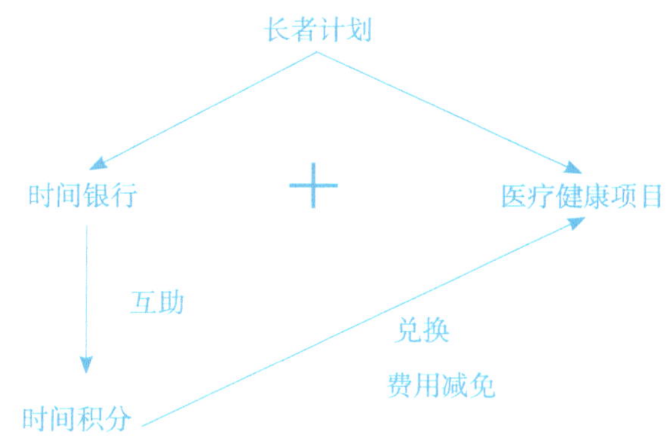

图 7–2　长者计划运行模式

1. 发展历程

最初（19 世纪 80 年代），长者计划是探索将社会服务和医疗保险相结合以为老年人提供疾病预防的试点机构。其致力于培养健康的生活方式，开展了大量社区活动，包括各种文化组织、健身俱乐部等。成员可以相互提供帮助，从而获取时间积分。时间积分可用于交付部分保险费用。后 1998 年，长者计划成立了可以用时间积分兑换医疗保健项目的商店，成员可以免费或以折扣价获得商业服务。

2. 服务内容

长者计划提供了诸多医疗保险优势计划。该计划为私人健康保险计划，成员每月按人缴纳一定保险费用，即可获得公共医疗保险项目之外的福利补助，其中保费可以用互助所得的时间积分进行抵扣。

医疗援助受益人是长者计划提供的健康保险之一，现以其为例说明成员可享受的福利。该计划旨在帮助有资格享受医疗补助或纽约其他医疗补助计划的医疗保险受益人，让成员获得这两个计划所赋予的全部甚至更多的权利。如果成员符合条件，所有医疗费用将免费支付。长者计划还提供非处方药保险，为成员的医疗预约提供交通服务，并提供一名护理经理帮助成员协调护理事项，成员甚至可以免费得到处方药保险。

长者计划有其自身的医生和医院网络，老成员在网络内的医疗保健单位就医，长者计划可报销相关的费用。其医疗网络提供者包括：715 个辅助设备、72 家医院、530 项长期服务、4993 位初级保健医生、22765 名专家、2913 名牙医、122 个专业护理设施、4948 家药店，可为成员提供医疗保健、长期护理、视力和牙科等服务。

由此，长者计划将时间银行模式与健康保险相结合，让成员既可获得彼此之间提供的服务，又可获得医疗健康服务。

3. 案例小结

长者计划特点主要表现为将时间银行模式与医疗健康项目相结合。长者计划的时间银行积分不像其他时间银行一般只能兑换较为简单的服务，而是切实地与医疗健康项目相结合，可用于支付部分医疗保险费、兑换医疗保健项目。

二、英国互助养老的实践与经验

英国时间银行在政府的鼓励和支持下发展较快。政府文件中明确指出时间银行的作用，并出台相关政策鼓励民众参与时间银行，如为了促进穷人和失业者使用时间银行，英国政府于 2000 年宣布时间积分不计为收入，因此不会影响与收入相关的福利的应享权利，也不计为应纳税收入。据统计，至 2005 年，英国已有 70 家活跃的时间银行，另有 70 家正在筹划建设，相当于约有 4000 名参与者交换了至少 21 万个小时[1]。其中最具代表性的两家时间银行为公平份额社区时间银行（Fair Shares Community Time Bank）和莱西格林时间银行（Rushey Green Time Bank）。

1 Seyfang, Gill. Harnessing the Potential of the Social Economy? Time Banks and UK Public Policy[J]. International Journal of Sociology & Social Policy, 2006(9):430-443.

（一）公平份额（Fair Shares）

公平份额是一家经营时间银行平台的注册慈善机构，它为人们提供日常生活中所需的服务和技能，并使他们能够免费帮助他人。公平份额参与者可以提供各种帮助，从园艺、家务劳动、购物到一起出游和结识朋友。这样，他们每为其他参与者提供一小时服务，就可以获得一份“公平份额”。在需要服务时就可以花费这些“公平份额”。由此来创建一个支持性社区，来平等地珍视每个人的时间和技能。与传统的志愿服务计划相比，公平份额涉及的人员更多，并且吸引了通常可能不参与志愿服务的参与者。

1. 发展历程

公平份额成立于1997年，于1998年成立了英国第一家时间银行：斯通豪斯公平份额。1999年，公平份额分别于Newent和Cheltenham成立了第二、第三家时间银行。2000年4月，公平份额与新经济基金会共同成立英国时间银行，旨在在全国范围内推广时间银行，并于同年6月举办了英国第一届时间银行大会。其后公平份额不断在各地区成立时间银行，扩展影响范围，至2014年其下共有8家时间银行。

同时，公平份额与多个机构合作，不断推出新的服务项目。如2002年1月推出儿童保育计划，10月开始参与监狱工作；2006年6月与英国皇家军团合作，为退役军人提供服务；2008年与当地电影制片人合作，教成员拍摄视频和剪辑电影等。

2. 运行模式

公平份额建立了双向志愿服务系统，重视人们付出的时间以及对社区的贡献，并对此进行奖励。其将人们联系在一起，支持人们互相帮助、分享经验、结交朋友，鼓励人们共同努力以建立具有支持性、可持续性、弹性的社区。

（1）组织。

公平份额建立了一个相互支持的社区网络，鼓励成员之间交换时间和技能。每帮助他人一个小时，成员就会得到一个时间积分作为回报，成员可以将这些时间积分用于换取别人的帮助。

每一个想融入其所在社区的个人、团体和组织都可以加入公平份额。

公平份额认为每个人都能做出贡献，且能获得帮助，年龄、资金短缺、行动不便都不会阻碍参与。当人们加入时，需提供其想要分享的技能、才能和经验的详细信息。公平份额也会帮助弱势群体确定其可与社区分享的技能和经验。这些信息的记录将被保存在公平份额中，且都是保密的，只有员工才能接触到。

当成员需要帮助时，便给公平份额打电话。公平份额是成员之间的中心联络点，会帮助成员找到合适的人和技能，对接服务方与需求方，促使该项帮助实现。对接服务后，公平份额会追踪成员的行动，并确保每个人的时间积分处于最新状态。

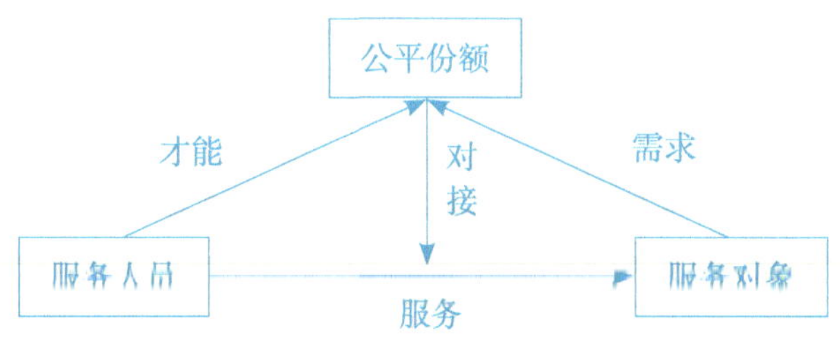

图 7–3　公平份额组织模式

（2）服务。

公平份额支持和联系社会各界人士，提供多样化服务。除成员日常互助提供的艺术和手艺、行政与办公、课程教授、社交活动、电脑技巧、DIY、园艺、居家服务、宠物照料、交通运输等服务外，公平份额主要开展以下项目。

① DIY 技能工作坊。公平份额的项目工作者向没有接受过教育、就业和培训的年轻人传授 DIY 技能，参与者可利用这项新技能帮助社区中其他人，从而实现互助。如约翰在职员室里建立了一个迷你作坊，让职员建造自己的微型种植机来展现木工技能，制成品可自由地带回家。某技能教授者说："她看到花园时脸上的幸福表情让一切都变得值得——我现在做这个感觉真的很好。"

②第二次数学辅导。公平份额发现，当地 50%的监狱人口对数学几乎没有了解，90%的人拒绝接受正规的监狱教育，故提出了一种点对点的数学指导方案，即具有良好计算能力的囚犯可以为需要帮助的囚犯提供教学

和帮助。在此过程中产生的时间积分都捐献给了慈善基金会，用于帮助更多社区弱势成员。保罗在莱希尔监狱服刑，成为了一名数学导师。保罗对此说道："成为一名导师非常有益，也有助于打发时间。我指导了五个人，是那些在课堂上表现不佳以及希望在数学上寻求特殊帮助的人。每个人都应该获得第二次机会。"接受数学辅导的塔什说："入狱对我来说真是太恐怖了，但是数学课使我保持清醒。"

③善意罐。善意罐是一个账户，如果公平份额成员不想自己获取时间积分，可以选择将时间积分存入其中。如许多在莱希尔监狱的成员选择以这种方式捐赠自己的时间。该项目的参与者说："善意罐让我和人们保持联系""我喜欢这种间接帮助人们的方式"。

④与阿尔茨海默病患者温柔漫步。该项目始于一个想法——鼓励看护者和患有阿尔茨海默病的人走入新鲜空气，结识其他人，享受美丽的斯特拉特福德公园。受过专门培训的公平份额志愿者带领人们徒步旅行，或在湖边散步，或在花丛边散步，或在网球场上比赛。有时下雨，便步行穿过博物馆的画廊，聆听过去的故事。安娜对此说道："这真是太棒了，它可以帮助病人和他们的护工到户外漫步，脸上带着太阳甚至几滴雨，我们经常发现自己在一起唱歌！有时人们被困在屋里太久，都忘了闻花香和感受微风的感觉。"

⑤ IT 帮助会议。公平份额与人民健康基金会合作，举办了一系列免费的 IT 帮助会议，向圣保罗和怀曼斯布鲁克地区的所有人开放，旨在提高人们的网络技能。从网上购物和支付账单，到求职以及通过电子邮件、Skype 和 Facebook 进行联络等一切网上事务，公平份额都将提供指导。公平份额开展这项活动，鼓励具有良好 IT 技能的人前来与他人分享，从而将社会各界聚集在一起。一位参与者对此说道："会议非常友好和有益。我的导师很支持我，很有耐心。我开始感到更加自信了。"

（3）支持。

公平份额资金来自政府拨款、捐赠和收入。其获得了很多慈善机构和信托的支持，主要资助者包括大型彩票基金会、喜剧救助组织和儿童救助组织。

（二）莱西格林时间银行

莱西格林时间银行是一个由各种各样的人组成的虚拟社区，人们可以找到一个项目或空间，花时间与他人共享技能。该时间银行将每个人的时间都视为平等，人们每帮助他人一小时，日后就可以获得他人一小时的帮助。由此建立了互帮互助的社交网络，使来自不同背景的人们能够聚在一起，形成联系。故虽然技能交流是时间银行的核心业务，但人们通常会在时间银行中寻求关系和归属感，并在参与的项目和活动中感觉到自身存在的价值。

1. 发展历程

1998 年，莱西格林联合医疗（Rushey Green Group Practice）的 Richard Byng 博士提出了时间银行的想法。1999 年，其与新经济基金会合作，将时间银行作为一种创新方法进行试点，以提高当地的福祉、健康、社会包容性和社会资本。Byng 博士认为，增加与他人的接触可以帮助许多表现出抑郁和孤立症状的患者，且时间银行可以提供一个框架，使他们感到对社会有用并为他人所需要。2003 年，为期 3 年的试点项目结束了，新经济基金会资助并管理了莱西格林时间银行，该项目的管理移交给了专门的工作人员，并成立了一个由时间银行成员和莱西格林联合医疗组成的指导小组。2004 年，莱西格林时间银行成为注册慈善机构。现莱西格林时间银行的愿景是建立一个邻里之间相互帮助，不同年龄、文化背景、能力的人们相互交流的具有较强凝聚力的社区。

2. 运行模式

（1）组织。

时间银行的成员可通过为其他成员提供服务或是接受其他成员的捐赠的方式获取时间积分。莱西格林时间银行参与者每提供一时间单位的服务，可换取一单位的时间积分。时间积分的使用有三种方式：既可用于换取其他时间银行成员的服务；也可用于兑换当地合作组织所提供的服务，如兑换下午茶代金券、社区足球门票等；当成员的时间积分超出个人需要时，也可捐赠给急需时间积分的成员进行使用。

为方便成员使用时间积分，莱西格林时间银行采取了线下经纪人与线上时间银行系统相结合的组织方式。经纪人制度，就是由时间银行工作人员充当中间人的角色，在服务接受者以及服务提供者之间搭建起桥梁，充当着资源调度与应急联系人的角色。时间银行的工作人员通过对于申请者填写的个人技能及相关个人信息资料进行核实及考察，来决定成员资格准入。经正式注册的时间银行成员可以登录 hOurworld 线上时间银行发布个人的诉求或服务意愿、查询个人时间积分的存储与支出记录等。时间银行的工作人员根据系统反馈的信息以及结合成员的具体情况，为成员匹配适当的任务或服务者。当交易完成后，由工作人员负责在系统内进行相应的积分发放或扣除。

此外，为了加强社区成员之间的联系以及促进时间银行的可持续发展，莱西格林时间银行会每月开展一次“行动小组”会议。会上，时间银行的成员之间、时间银行成员与工作人员之间可以进行平等且充分的交流。成员可通过会议向工作人员反馈实践中出现的问题、询问时间银行近期概况，也可借此机会认识时间银行新加入的成员，结识伙伴。

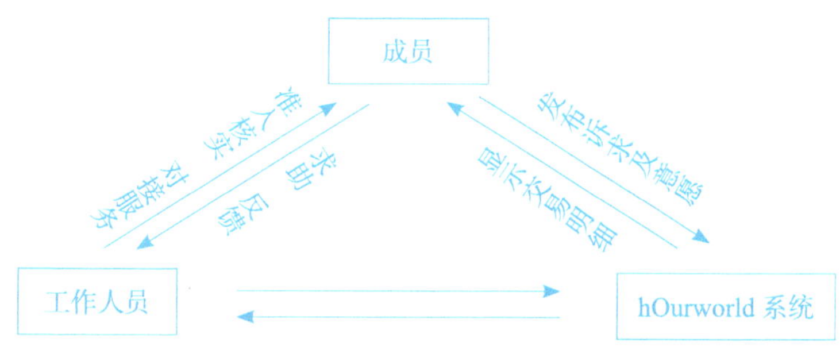

图 7–4 莱西格林时间银行组织模式

（2）服务。

莱西格林时间银行成员中妇女占大多数，近三分之一已达到退休年龄，近一半是残疾人或患有长期限制性疾病。时间银行成员活动较为积极，大多数成员每月至少交换一两次服务，相互提供园艺、装修、小型 DIY 工作、交友、开车送去医院、游览时推轮椅、音乐课程、陪伴、陪同购物等服务。[1]

1 Seyfang, Gill. Growing Cohesive Communities One Favour At a Time: Social Exclusion, Active Citizenship and Time Banks[J]. International Journal of Urban & Regional Research, 2003(3):699-706.

除成员日常进行的个性化互助服务外，莱西格林时间银行还开展了其他诸多服务项目。

①带来并修复。带来并修复是菲利普·格兰杰创立的新的代际博览会，在此期间，人们前来分享他们的技能和知识，互相帮助，获得乐趣。在此活动中，人们会相互“修复”小东西，寻求并提供建议。时间银行鼓励任何人参与其中，并带来他们所知道的和可以为他人做的事情，对物品进行修理和循环再利用，而不是扔掉。

②艺术和手艺。每周四上午十点至十二点，每场只需花费 1.5 英镑，即可学习新技术、结交新朋友。莉莲于 2015 年加入时间银行，最喜欢的就是这一项目。对于部分失明的莉莲来说，做手工是一件很困难的事情，但在一位成员耐心的帮助下，莉莲最终独立完成了任务，用钩子和珠子制成了项链和耳环。这次经历使莉莲有动力和决心完成更多的事情。在时间银行中，她也受到了欢迎，“当我受到欢迎时，我感到非常高兴，我对自己做更多的事情充满信心，并相信自己，相信自己只要全力以赴，就能征服一切”。

③ DIY 俱乐部。每个月花费一至两个小时帮助时间银行成员完成 DIY 工作。

④食物循环。为减少食物浪费，每周六下午一点一刻至三点，时间银行于刘易舍姆爱尔兰社区中心为当地人提供一份免费健康美味的餐点。其中有三道菜，由过剩的食物制成。

⑤花园俱乐部。每个月花费一至两个小时帮助时间银行成员管理花园。

⑥刘易舍姆本地卡。该项目旨在鼓励人们去与时间银行建立合作关系的商家消费，成员付出时间和技能，为刘易舍姆社区提供服务后，即可获得一张刘易舍姆本地卡，可以到支持此卡的企业享受消费优惠待遇。

⑦与麦克米伦癌症援助合作。莱西格林时间银行与麦克米伦癌症援助合作，为刘易舍姆中受癌症影响的人们提供帮助。其于每个月最后一个星期五上午十点至十二点开展活动。如为癌症患者提供能量建议和支持：提供建议，并通过提供资金来提高家庭的能力，从而帮助癌症患者；营养：讨论恢复健康的最佳食物以及营养和免疫力的作用；放松呼吸和动作：分享一些有用的呼吸技巧及基于椅子的动作，以促进放松。

⑧野猫荒野。野猫荒野是卡特福德山附近的自然荒野，在此空间中，

成员可以探索自然和野生动植物，在自然环境中玩耍、放松，学习新的户外技能或手工艺品，以多种方式开发这个野外空间。野猫荒野并非一直开放，通常在每周四下午开展志愿活动，有时周末、假期也会开展活动。

案例：众多成员从时间银行中获得了收获。莎拉是时间银行的活跃成员，她形容时间银行为“她生命中的基座”。时间银行给了她信心和平台，可以帮助别人并照顾他们，这是她所热衷的事情。且时间银行鼓励人们通过技能交流和讲习班发展知识和技能，可以帮助像她这样的人加深在帮助他人方面的知识和经验。莎拉还希望时间银行能够发展到她的原籍国，她认为这种有价值的工具应在全世界范围内使用。“时间银行很好，它对我有很大帮助，它确实给人们提供了机会。”乔尼也是时间银行的成员，他分享他的语言技能来帮助他人。他被时间银行吸引，是因为它的灵活性和没有僵化的志愿者制度的压力，使之更容易参与。乔尼还发现，时间银行在团结人们方面特别有效。随着参与时间银行的深入，乔尼越来越能够帮助他人，时间银行也给了他很多启发。乔尼说：“时间银行之所以如此特别，是因为无论人们在现实世界中为自己的技能收取什么费用，在时间银行中每个人的时间都具有完全相同的价值，这使它与众不同。”

（3）支持。

政策支持方面，莱西格林时间银行的慈善与志愿性质获得了英国官方的认证，故可享受政府的税收减免以及相关福利政策。

资金支持方面，莱西格林时间银行与当地政府、基金会构建起了稳定的联系，获得了相应的资金支持。

技术支持方面，hOurworld 线上时间银行系统为成员参与时间银行、工作人员管理时间银行提供了极大的便利。

3. 案例小结

公平份额和莱西格林时间银行因都采用了时间银行的模式，二者特点具有相似性。

一是时间积分平等兑换与使用。时间银行服务所获时间积分的数量与服务种类无关，其与服务时间是 1∶1 的平等比例关系，仅将时间作为衡量服务价值及兑换时间积分的尺度。同样，时间银行成员可用这些时间积分兑换同等时间的服务。

二是时间银行的中介性质。时间银行居于服务提供方与服务需求方之间，起着连接管理的作用。时间银行完成服务双方对接，并对服务双方进行管理，对时间积分进行发放和扣除。

三是服务覆盖面广，且向弱势群体倾斜。时间银行服务涵盖居家照料、技能培训、精神慰藉、环境保护等多个方面，覆盖范围广。同时，时间银行关注社区贫困、患病人员、入狱人员等社会中较为弱势的群体，为他们提供了诸多服务，促进其生活质量、生活满意度的提高。

四是资金来源较广泛。时间银行的资金不仅来源于政府，还获得了基金会、社会捐款，有着较为广泛且稳定的资金来源。

三、德国多代屋

多代屋的德语为 Mehrgenerationshiuser，英语为 Muti-generation-center。德国是世界上人口老龄化程度最高的国家之一，为了解决德国的养老问题，同时让不同年代、不同背景的人凝聚在一起，德国推出了多代屋计划[1]。

（一）发展历程

“多代屋”计划发展到现在经历了四个阶段[2]，如图 7—5 所示。

第一阶段，出现雏形。

在 20 世纪 80 年代的德国，一些身体比较健康的、生活能够自理的老人聚在一起居住，互相帮助，这就是最早的多代屋[3]。2001 年，斯图加特市市长加布里埃尔穆勒·特里布什提出“多代屋”项目。2002 年，斯图加特市和施密德基金会，一起合作建造了 2 个“多代屋”。2003 年，萨克森州内阁事务部长乌尔苏拉凡·德莱恩在全州推广多代屋。

第二阶段，全国推广。

2005 年，当时担任德国联邦家庭事务、老年公民、妇女和青年部部长

1　温芳，王竹，裘知．德国“多代屋”项目发展评述与启示 [J]. 华中建筑，2015(3):59-64.

2　姚栋，袁正，李凌枫．促进代际融合的社区公共服务设施——德国“多代屋”的经验 [J]. 城市建筑，2018(34):31-34.

3　金华宝．发达国家互助养老的典型模式与经验借鉴 [J]. 山东社会科学，2019(2):52-58.

的乌尔苏拉凡·德莱恩，在全国发起了“多代屋”的项目。之后在2006年，完成了招标。从2006年到2011年，第一次的五年“多代屋”计划开始了，这次计划制定了七个工作纲领：全龄聚集、代际交流、儿童保育、志愿服务、信息和便民服务、促进本土经济和开放的交往空间。第一代多代屋，目标主要是促进不同年代的人进行交流，组织各种活动促进老人和年轻人之间的交流，所以第一代多代屋的类型大部分是公共客厅型和文化活动型。到2008年，多代屋就已经增加到了500多所，几乎覆盖了德国所有的城市。

第三阶段，发展服务。

在2012年，德国进行了第二次的五年“多代屋”计划。这一次的多代屋在上一次的基础上提出新的理念，增加了450栋多代公寓。第二次五年“多代屋”计划也提出了新的纲领：社区护理、代际融合与教育、家庭服务和志愿服务。第二次的计划，更加强调能通过多代屋的活动来给一些人提供工作和实习的机会，并提供一些简单的培训。通过这些方式来提高人们的就业能力，改善当地就业环境。同时，这一次的计划，也要求“多代屋”能够进一步发展它的服务功能，帮助居民更好地平衡家庭和工作的关系。同时，这一次开始实行积分制的志愿者服务：青老年人充当志愿者获得积分之后，可以用志愿积分来兑换其他的服务。

第四阶段，塑造人口转变。

在2017年，德国进行了第三次的五年“多代屋”计划。这一次的计划更加关注“塑造人口转变”，也就是说，这次的计划的核心是希望能够积极地应对德国在人口方面已经出现的或者即将出现的各种问题，比如老龄化、代际矛盾，等等。第三次计划，要求“多代屋”因地制宜，灵活调整，与当地的州政府和市政协会加强合作。它提出了两个核心要求：一个是多代屋必须具有的功能——“塑造人口转变”；另一个是多代屋可以选择的功能——“促进居民与移民结合”。第三次五年“多代屋”计划的工作纲领：代际融合、志愿服务和社会空间导向。

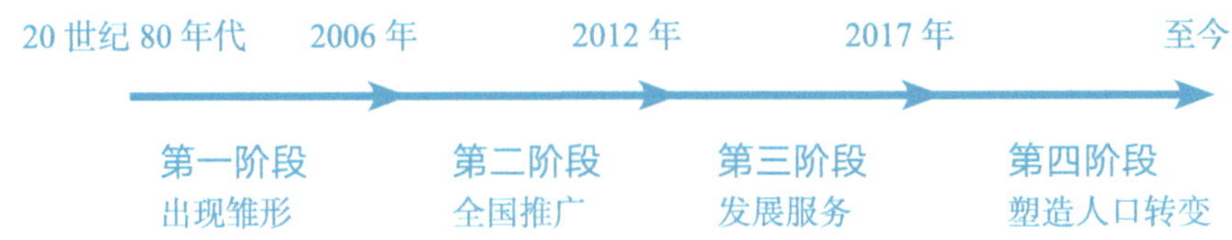

图 7–5　德国多代屋发展历程

（二）运营机制

德国多代屋的运营模式可以分为“公寓”模式和“家庭”模式两种，其中“家庭”模式又可分为代际互助养老和代内互助养老[1]。“公寓”模式指的是上文联邦计划中资助的多代屋，同公寓比较相似，日常有人运营。“家庭”模式则只是简单的，让不同的人居住在一起，没有什么特殊的补贴。“家庭”模式中的代际互助养老，指的是让年轻人和老人共同居住在一起，互相帮助。而“家庭”模式中的代内互助养老则是几个老人住在一起，互相帮助。“公寓”模式主要有居住和提供“开放的会面空间”两个功能，如表 7–1 所示。“公寓”多代屋资金来源于政府和社会组织资助，由非营利组织或者企业进行运营，服务对象会进行一定的筛选；在“家庭”多代屋代际互助养老中，房屋由老人提供，大学生为老人提供一定的劳动；在“家庭”多代屋代内互助养老中，由几个老人共同出资购买房屋，结伴养老。

表 7–1　德国多代屋运营模式

		对象	资金来源	运营
公寓式	多代居	经过筛选	政府、社会组织	非营利组织或企业
	会面空间（会客厅式）	经过筛选	政府、社会组织	非营利组织或企业
家庭式	代际互助	有空房的老人、大学生	居住人提供	自发
	代内互助	老年人		

1. 组织

联邦多代屋计划主要指的是这里的公寓式的多代屋。该多代屋项目的招标分为兴趣表达和正式申请两个阶段，可以理解为预申请和正式申请两

1　金华宝 . 发达国家互助养老的典型模式与经验借鉴 [J]. 山东社会科学 , 2019(2):52-58.

个阶段，申请人要求是非营利组织或者企业。

在正式申请阶段，需要提交以下材料：市政当局和 / 或（部分）地区和 / 或（部分）国家的共同出资承诺，每年总共 10000 欧元；市政府的决定，其中包括市政当局对多代住房的承诺，以及多代住房是市政当局针对人口变化和社会空间发展计划的一部分的声明。

项目实施之后，联邦政府会根据申请人提交的用途清单进行拨款，这个清单需要包含与项目相关的实际收入与支出、具体措施和活动、对项目成果的评估和（用于测量自身成果的）指标。

在通过政府招标后，由通过了申请的非营利组织或企业来运营多代公寓。这些公寓由私人的、无障碍的公寓组成，包含传统房屋，但与一般公寓不同之处在于他们设置了房间，同时安排了社区活动。前期成员的加入需要一定的筛选和组合，如德国弗莱堡每个公寓由单亲家庭和孤寡老人进行组合，后期新成员的加入需要取得老成员的同意[1]，全职员工和志愿者都是自愿主动加入的，这样可以保证他们工作的热情。目前全国这类多代屋的志愿者总共有 39122 人。

在家庭模式的代际互助养老中，民政部门和大学服务中心合作，机构将需要租房的大学生介绍到有空房间的独身老人家中居住[2]。而在家庭模式的代内互助养老中，老人自发同周围老人组成互助小组，或者一起订购由开发商专门为老人设计的老年公寓[3]。

2. 管理

联邦多代屋计划通过招投标的方式，对公寓式和开放的会面空间的多代屋进行补贴。联邦家庭和公民社会任务办公室（BAFZA），对联邦多代房屋计划进行监控。他们每年会收集有关房屋和内容的一些基本数据，统计各个房屋的具体工作及其当前的发展状况，并计算每个州和整个联邦的主要数据。

1 乔琦，蔡永洁 . 非血缘关系的多代居——德国新型社会互助养老模式案例及启示 [J]. 建筑学报，2014(2):17-21.

2 金华宝 . 发达国家互助养老的典型模式与经验借鉴 [J]. 山东社会科学，2019(2):52-58.

3 李贵卿，廖太平 . 老龄化背景下互助养老模式探讨 [J]. 四川劳动保障，2016(S1):130-131.

3. 服务

多代屋计划，促进了不同背景的人们在生活中的相遇、交流和支持，为他们提供了交流机会，为当地居民创造了开放、低门槛的接触和参与的可能性。

在联邦多代屋计划包含的公寓式多代屋中，联邦要求多代屋“塑造人口转变”（必选），同时要“将具有移民和逃亡历史的人融入社会”（可选）。上文提到，“塑造人口转变”包含了所有与人口有关的问题，多代屋的申请者可以选择一个小的人口问题加以解决。其中“塑造人口转变”的活动包括：工作与家庭生活的调和活动，即帮助家庭处理一些专业的家庭任务，例如，提供日托中心，照顾幼儿，同时要考虑到各种各样的家庭生活形式；家庭和护理的兼容性活动，即帮助应对家庭中的护理任务，例如，陪伴老年人完成日常任务，提供与家庭有关的服务或其他的照料补充服务，也要考虑到家庭生活的多种形式；帮助老年人独立生活，促进老年人参与，促进健康和提供护理，提供计算机和互联网课程；青年友好型社会活动，即促进青年的积极参与，例如举办青年会议以及历史或传记研讨会；努力迎合劳动力市场，在多代屋中融入培训和就业活动，促进失业人员的融合和晋升，以及帮助年轻人进行职业规划。例如，通过志愿工作产生一些工作项目，或增加实习交流的机会。其中最重要的和最活跃的活动是跨代休闲服务、老年生活和对其他家庭的支持和建议。而“将具有移民和逃亡历史的人融入社会”，包括：对这类人进行赞助和指导；促进具有迁徙和逃亡历史的人积极参与社会活动；促进具有移民和难民历史的人积极参与社会活动；提供一些低门槛的教育优惠，例如对学习德语的优惠；提供关于对教育和就业等主题的建议。

这类多代屋项目的重要活动是在“开放的会面地点”进行公开会议，平均每个多代屋每周的公开会议达 39 小时，每天公开会议的用户平均每个多代屋有 45.5 人，占总人数的 38.9%。

公寓式的多代屋服务对象一般会经过一定的挑选，如德国弗莱堡的多代屋服务对象是单亲家庭和孤寡老人。老人可以在公寓中做一些家庭中的轻体力劳动和照顾小孩，老人也可以将生活技巧传授给单亲母亲或父亲；单亲母亲或父亲可以做一些老人无法完成的家庭重体力劳动；单亲母亲或父亲和小孩可以陪老人聊天，缓解老人的孤单，这样就实现了互助[1]。在这样的模式下，许多老人把“多代屋”里的孩子当作自己的孙子、孙女来对待，孩子们也乐意把老人们当作亲人[2]。除此之外，一些志愿者也会前往多代屋提供志愿服务。如里德林根（Riedlingen）的“乐龄合作社”，不仅老年人可以加入，年轻人也可以加入进来。参加者可以选择获得工资，也可以把服务的小时数存在合作社中，日后可以兑换同样时间的免费服务[3]。

在家庭模式的代际互助养老中，大学生不用交房租，但需要为老人做一些重体力的劳动。通过这种方式，大学生可以节省租房的费用，老人也可以少做很多家务[4]。在家庭模式的代内互助养老中，老人既可以自发与周围老人组成互助小组，轮流到各家进行活动、一起打扫卫生以及结伴旅游等；也可以订购老年公寓居住在一起，一起用餐，彼此照顾。老年公寓还配有服务人员，为他们提供咨询服务[5]。

4. 支持

在支持上，公寓式的多代屋属于联邦多代屋计划，资金来源于政府的补贴和社会组织的资助。在联邦计划中，政府为多代屋提供的补贴，每年会进行一定的增加。现在政府为每栋多代屋总共提供 5 万欧元的资金补贴，其中 1 万元来自市政府，4 万元来自联邦家庭事务、老年人、妇女和青年部。而市政府或州政府对多代屋的补贴，是联邦给予多代屋补贴的前提条件。也就是说，多代屋的项目申请必须先获得市政府的支持，才能够获得联邦计划的支持。在政策上，对于家庭式的代内互助养老，德国一些城市计划改造老年人原有的住宅帮助他们结伴养老，同时银行对老年公寓的建造提供低息贷款，政府对开发商提供税收优惠[6]。

1　金华宝 . 发达国家互助养老的典型模式与经验借鉴 [J]. 山东社会科学 , 2019(2):52-58.

2　刘苹苹 . 建立宜居社区与“多代屋”——中国应对人口老龄化问题的路径选择 [J]. 人口学刊 , 2013(6):47-53.

3　程鑫 , 房志勇 . 德国“多代屋”对我国城市养老和发展模式的启示 [J]. 城市住宅 , 2015(5):47-50.

4　金华宝 . 发达国家互助养老的典型模式与经验借鉴 [J]. 山东社会科学 , 2019(2):52-58.

5　李贵卿 , 廖太平 . 老龄化背景下互助养老模式探讨 [J]. 四川劳动保障 , 2016(S1):130-131.

6　同上。

（三）案例小结

德国多代屋项目，由政府建设，并且后期请非营利组织和企业运行也有资金支持，故到目前为止进行得比较成功，也给我们提供了很多值得借鉴的经验。多代屋从它的建造开始，就经过了精心的设计。因为多代屋的主要功能一是居住，二是给人们提供交流的空间，所以在最初的设计上，就建造了充足的公共空间，方便大家进行交流。同时，在整个设计、建造、施工和后期的人员加入都充分地听取了居住者的意见，很好地满足了老人的需求。并且志愿者和工作人员都是被多代屋吸引才加入进来的，他们对于自己的工作都有很强的积极性。除此之外，通过翻阅多代屋网站上的良好范例可以发现，多代屋虽然有着塑造人口转变的核心要求，但是实际运营中没有固定的方式，不同申请者举办活动针对的人群和内容是完全不同的，根据具体需要有着丰富的变化。并且多代屋项目会有各种领域的社会组织参与进来，不同多代屋社区的理念也有所不同，如环保低碳生活、同性恋平等、无国界互助等。

但多代屋模式也存在着一些问题，比如多方的利益难以协调、对政府资金依赖性大，等等。

四、日本“农协”互助养老

（一）日本农协互助养老发展历程

1980年，第12届全国农协大会通过了农协“生活基本构想——农村生活课题与农协对策”的决议。为了实现农村生活安定和充实组员生活的目标，决议提出今后农协将强化老年人的健康管理和福利活动，积极开展以老有所为、活跃老年人业余生活为主题的福利活动。但是这次大会只提出了存在的问题和开展活动的方向，并没有将老年人的护理问题提上日程。

1985年，农协第17届全国大会通过了“JA生活活动基本方针”，首次将老年人护理纳入农协开展的老年人活动对策计划中，并把开展老年人护理活动作为“所有农协必须开展的6项活动之一”。对于身体健康的老年人，要开展充实“身体健康老年人的生活活动”；对于独身以及卧床不起的老年人，积极开展“生活援助活动”。

为解决农村组合员家庭缺乏护理知识、护理人才严重不足的问题，农协开展“以组合员以及家庭成员为对象的老年人护理技术研修活动，各市町村有组织地配合开展志愿者活动”。1991 年，根据厚生省制定的家庭服务员培训规范，农协中央以及都道府县农协在农林水产省支持下，以都道府县为单位，开展了包括基层农协妇女部会员、农协生活指导员在内的农协组合员以及家庭妇女参加的农村家庭服务员培训活动。家庭服务员从初级培训即家务辅助培训开始，1992 年开始包括护理基础和实战演习在内的二级家庭服务员培训。参加培训的报名者只需要交纳很少的培训费就可以享受专业的家庭护理培训，参加的大多是农村妇女，男性很少，主要是为了解决个人家庭老年人的护理问题，这些经过培训的人逐渐成为农协开展“互助活动”以及农村老年人护理服务的骨干力量。

1992 年国会对《农协法》进行了修改，追加了允许农协经营“老年人福利设施”一条，并明确规定其服务范围必须 100% 扩大到所有非组合员。1992 年《农协法》的修改为农协开展老年人福利设施服务提供了法律依据。自 1992 年起，农协陆续建立了一批老年人福利设施，并开始接受政府开展的公共居家福利服务的委托业务。

1993 年，全国农协会议提出了“实现内心充实计划的生活活动计划”的决议，决定分三个阶段，有计划地推动农协老年人福利的发展。第一阶段为 1993—1994 年，主要任务是宣传动员农村妇女参加研修，目标要累计培训家庭服务员 2 万人，同时设立和培育农协互助组织 1000 个，制订福利计划，开展配餐和家庭访问等互助活动；第二阶段为 1995—1996 年，主要任务是向有需求的家庭提供家庭护理服务员派遣业务，独立或者接受政府、社会福利法人等的委托，开展访问入浴等居家护理服务；第三阶段为 1997—1998 年，主要目标是探讨农协老年人护理设施的可能性，开展和实施福利设施事业，并探讨扩大接受市町村公共服务委托事业的可行性。

1994 年，农协第 20 次全国大会通过了“建立互相体贴互相帮助愉快舒适的生活和地区运动”的决议，提出以农协为主开展开放性区域老年人福利活动的倡议，决定在与自治体等协商的基础上，有计划地接受公共家庭服务员派遣业务，开展访问服务和入浴等活动，把农村老年人护理问题作为农协的紧急课题，加紧农协内部体制机制的建设，确立农协在农村民间福利服务中的主体地位。

1997年出台的《护理保险法》规定：在居家服务方面，允许民间企业、农协、生协（生活协同组合）以及其他专业组织等民间非营利团体作为制订护理计划的机关和提供服务的机关参与护理服务。这些规定明确了包括农协在内的多种民间团体参与老年人护理服务供给、获得经济收入的合法性，同时也意味着农协开展的部分护理服务被正式纳入了国家护理保险的支付范畴。在农协内部，为了将福利活动和护理保险区别开来，他们将自身开展的属于护理保险范围内的活动称为“护理事业”，将对那些身体虚弱没有达到护理保险法规定的护理认证等级而被排除在护理保险法范围之外的老年人开展的服务称为“互助活动”，后一类由农协继续有偿或无偿提供生活援助。

（二）日本农协互助养老组织结构

农协为互助活动的开展制定了相关规则和办事程序。农协互助组织一般由利用会员（被服务方）、协力会员（服务方）、赞助会员（赞助方）和事务局（管理方）四部分构成。

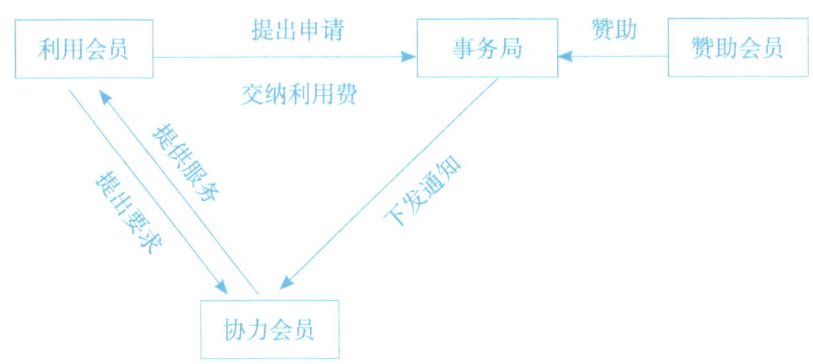

图7–6　农协互助活动办事程序

具体分工和运作方法是，利用会员即服务需求者向事务局提出利用申请，由事务局负责联系协力会员（家庭服务员），协力会员根据利用会员要求，提供相应服务。利用会员在接受服务时，需要向事务局交纳一定的利用费，事务局则向提供服务的协力会员提供经费补偿，活动经费由事务局统一支付。赞助会员则主要是为事务局的活动提供经济赞助，会员的活动经费来源主要是由赞助会员出资赞助的。事务局的设立、场地和运营由农协提供，农协不过多地干涉事务局工作，事务局可以相对独立地开展活动。具体活动内容一般由事务局协调员通过家访，在征求利用者意见的基础上进行安排。利用者和服务员之间不产生费用方面的直接交涉。农协“互助组织”根据各地的实际和会员掌握的情况，对有需求的会员提供料理家务、身体护理等服务。同时，农协还为生活困难的家庭设立了免费服务项目，提供免费服务，互助组织的会员也可以自愿到养老院等福利机构参加志愿者活动。

（三）日本农协互助养老服务

农协开展的老年人福利活动主要分为两部分，一是针对健康老人开展的充实老年人生活的活动，二是对于需要护理的老年人开展的生活援助活动。农协内部设立为老年人提供志愿服务的组织统称为“互助组织”，主要由这些互助组织开展互助活动。

农协妇女部会员和组合员家庭主妇是开展互助活动的主体，其中农协妇女部和生活指导员发挥了关键作用。农协妇女部是农协的内嵌团体，每个农协都有自己的妇女部，都道府县以及全国还设有农协妇女协议会。农协妇女组织有自己的组织纲领，在努力提高妇女自身社会和经济地位之外还为建设和谐地区社会做出了重要贡献。多数农协妇女组织的负责人是由农协的“生活指导员”兼任，生活指导员大部分是女性，她们也是农协正式职员，专门负责改善农户的衣、食、住、行以及家政等指导业务。

随着农协的一些福利事业措施的实施，其具体内容和分工也有所不同。农协的福利事业从整体上讲可分为两部分，一是针对健康老年人的一些计划措施，例如“健康寿命100岁计划”；二是针对一些卧床不起或者行动不便的生活不能自理的老人采取的一些措施，这部分措施分为JA公共服务事业、高龄者生活支援事业和JA地区志愿者事业等三大支柱事业。

JA公共服务事业主要是看护保险服务事业及市镇村受托事业；JA对高龄者的生活支援事业是指对不在看护保险内的高龄者提供除公共服务事业以外的日常服务，比如帮助不能自理的老人喂饭、协助大小便等看护工作，

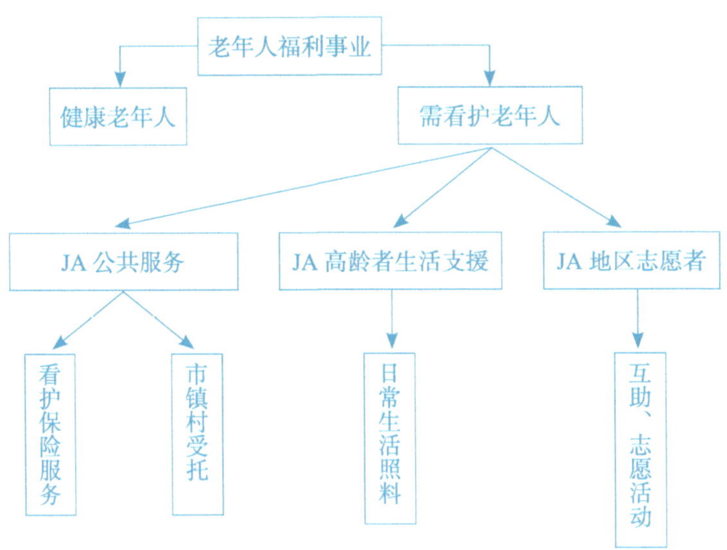

图 7–7　老年人福利事业具体内容

帮助洗衣、做饭、打扫卫生等家务活动及协助外出等相关事宜；JA 地区志愿者活动事业主要是指 JA 互助组织及 JA 职员的志愿活动。

其中日本农协的高龄者看护保险事业及地区志愿活动事业是农协高龄者福利事业的重要支柱事业。高龄者看护保险事业具体所涉及的事业内容主要有通所看护事业、访问入浴事业、访问看护事业、居家看护支援事业、福利用具借贷事业等各项事业，这几项事业都具有各自所主要负责的具体服务内容。通所看护事业即农协设有日间看护服务中心，中心的服务人员用接送车把一些需要帮助和看护的高龄者接到日间服务中心，在服务中心的一天为对他们提供吃饭、洗澡、娱乐及一些身体机能训练的服务，能接受日间服务所服务的这些利用者一般都是受到看护保险所认定为需要帮助和照顾的高龄者；“访问入浴事业”，指上门为服务对象洗澡。具体做法是由该事业服务中心的职员随洗澡专用的入浴车上门拜访，这种车内一般都装有专门洗澡用的浴缸，到达用户家中后，职员负责安装、收装整理浴缸及帮助利用者洗澡，其服务的对象主要是生活不能自理的老人及有身体残疾的人。“访问看护事业”是指居家服务模式，由农协内设的访问看护事业所负责该事业，事业所内设有家政服务员，家政服务员拜访利用者家庭，根据服务对象的需求事先制订计划，然后每次根据计划提供扫除、洗涤、做饭等生活援助及洗澡、吃饭、大小便等身体护理服务，使利用者及其家庭成员能有一个高品质的生活。“居家看护支援事业”由居家看护支援事业所来经营，主要是接受需要看护的老年人的委托，由该事业所内设的专门职员倾听他们的需求，同时为了让他们在家也能接受比较合适的服务，根据利用者的身体心理状况及生活环境为其制订居家生活服务计划，并确保该计划的执行及居家服务的提供，同时也负责根据情况与服务事业所随时联系，以保证服务质量及进一步制订新的计划。“福利用具借贷事业”主要是根据利用者身体状况变化及需要，对利用者出租福利用具的事业，福利用具包括轮椅、步行器、拐杖等器具。

（四）案例小结

日本农协互助养老以需要看护的老人为核心服务人群，以农协互助保障服务的形式为其提供专业的养护服务，同时农协开展的部分护理服务依《护理保险法》被纳入了国家护理保险的范畴。针对未参与护理保险的老年人，农协内部通过开展志愿者互助活动为这一类老年人提供养护服务。农协开展互助活动以农协妇女部会员和组合员家庭主妇为主体，这些妇女成员都曾受过专业家庭护理技能培训，具备专业的护理知识技能。

第八章　互助养老的时代价值与对策建议

互助养老具有中国特色和时代价值，兼具降低养老服务成本和推动建立善治社会的意义，中国互助养老的发展也可以为资本主义国家提供积极应对人口老龄化的样板。事实上，我国目前的社会养老服务发展不甚理想，大多数社区（村居）养老照料中心、养老服务机构虽然硬件设施齐备，但是运营状况不佳，收不抵支。其原因就在于过分强调政府的福利责任和市场在资源配置中的决定性作用，导致社会养老服务福利化和市场化，高成本、高价格的服务提供给生活困难群体，一般老人享受不到福利也购买不起或不愿购买服务。而没有充分利用互助养老节约养老服务成本（满足老年人获得低成本服务和集体化生活的需求）和构建社会治理共同体的双重优势。可以说，没有互助养老的基础，市场养老也很难发展。而任何养老方式的提出都是在特定时代背景之下的，其产生必定与某一社会需求相契合，是对特定社会问题的回应与调整，能够对社会发展产生一定的影响与作用。同时，任何一种方式都不是完美无缺的，当该方式提出并落实于实践时，常遇到诸多困难与挑战，需采取相关措施予以解决。本章即对互助养老的时代价值与对策建议进行详细阐述与探讨。

一、时代价值和发展方向

互助养老作为一种新型养老方式，是适用于21世纪的老龄世界的，尤其对于中国这样一个人口大国，通过党委领导下的互助组织提供互助服务尤为重要。那么立足于中国实际，应当如何恰当地采用这种方式？此种方式应向何处发展，才能适应当前社会条件并最大限度地发挥作用？这是我们需要思考并解决的问题。

（一）时代价值

长期以来，中国老年人的养老需求主要通过家庭养老的传统养老模式，在家庭内部得到解决，这是家庭范围内的长期均衡互惠的代际交换，建立在农耕文化及其道德约束的基础上。但受到人群流动日益频繁、现代小家庭主义盛行、传统“孝”文化约束力降低等因素影响，家庭养老尤其是家庭照顾受到很大冲击。因此，面对中国未富先老以及地区发展的不平衡，在未来一段时间，大部分地区社会养老服务保障体系的主要定位应当是：与家庭养老一起构筑基础性的老年人照顾服务保障网络[1]。与此同时，与西方国家不同，中国未富先老，近30年内将迅速进入老龄社会、超老龄社会，互助养老的节约成本和构建社会共同体特征对于中国积极应对人口老龄化、构建和谐稳定老龄社会具有重大意义。

究其本质，互助养老要解决的是中国在社会主义初级阶段的经济发展水平相对不高、国家保障能力相对不足、绝大部分老年人需要社会养老、但缺乏购买市场化养老服务的能力或购买意愿不足的问题。实行互助养老是一种理性选择，而非权宜之计，不单是为促进社区建设、社区融合以及作为积极老龄化、健康老龄化的补充。互助养老的重要外溢效应在于推动中国老龄社会圈层式的社区共同体的建设，推动国家应对老龄社会的治理方式及治理模式实现本土化和有序化，保证老龄社会的良性发展，保证党和国家的长治久安。

具体而言，一是中国传统社会互助不同于西方国家。中国几千年的乡土社会衍生出的非正式的互助养老保障文化，与西方社会的带有宗教色彩的公益、慈善互助理念有所不同。中国传统互助是在小农家庭经济资源有限、风险抵御能力不足的情况下生发出来的，是以血缘、亲缘、地缘形成的私人网络为单位，以人情伦理为规范，基于工具理性和实际效用，包含

1　一些经济发展水平较高的城乡地区，可以同时发展专业型、技术型的康护保健服务，同时通过试点护理保险进行部分支付，满足老年人的康护保健需求，推动行业发展。二者并不相矛盾。

了生活互助、生产互助、社交互助等多种形式的广泛的民间互助保障系统，也是经济社会系统。进入现代社会，虽然传统互助保障与公益、慈善活动产生了融合交汇的情况，但如今的民间互助活动仍应植根于中国传统的互助逻辑和互助网络，融合志愿公益慈善合作理念，借助互联网等先进技术，形成新的现代经济社会系统。因此，相关的学术研究和实际工作都不能完全照搬西方公益志愿服务的理念和做法。

二是老年人对养老服务的购买力不足。我国仍处于社会主义初级阶段，未富先老的现实国情决定了政府难以承担全部照护保障的任务，多数老年人（尤其是农村老年人）没有足够的经济能力和意愿购买专业化的服务。这也是大多数社区（村居）养老照料中心、养老服务机构运营状况不佳、收不抵支的主要原因之一。与此同时，大多数老年人需要的不是高端的专业护理服务，而只是社会交往、文化娱乐、日常帮扶或生病时的照顾帮扶等服务。目前在多数城乡社区，这些需求难以得到满足，存在政府失灵和市场失灵的问题。而通过多种形式组织开展低成本的亲朋、邻里互助，却可以满足老年人这些方面的需求。互助养老具有诸多本土化优势，具有广泛的社会需求，对于中国现阶段积极应对人口老龄化具有很强现实意义。

三是与西方国家相比，中国具有大规模推动互助养老的现代圈层基础。虽然中国没有经历西方国家从中世纪到 19 世纪末的自发性的社会互助和正式互助组织广泛发展的过程，但是，中国已经具备了自下而上的非正式的互助网络（以血缘、亲缘、地缘为基础的宗族、邻里等非正式互助圈子）和自上而下的层级式的行政管理架构（市和区县两级政府，派出机构街道，以及下设社区党委、社区工作站和社区居委会）。换言之，中国可以通过创新党政领导下的国家与社会、市场的合作机制，发挥举国体制优势，在试点成熟的基础上大范围推广互助养老。

四是从社会治理的角度来看，互助是中国的家国架构的根基，可以助力构建当代社会共同体，维护整个国家的长治久安。从 2020 年到本世纪中叶，是中国实现两个百年奋斗目标，建成社会主义现代化强国的关键时期。在这一时期，中国需要从高速度转向高质量并不断向更高质量发展，也将从老龄化社会迅速进入超老龄社会，面临的许多困难和挑战是前所未有的。习近平总书记在第十三届全国人民代表大会第一次会议上的讲话中指出，我们不能安于现状、贪图安逸、乐而忘忧，必须不忘初心、牢记使命、奋发有为，努力创造属于新时代的光辉业绩。以互助理念为引领的互助养老，可以激发人民共同克服困难的创造精神、奋斗精神和团结精神，创造机会让各类人力资本积极奉献社会，助力社会信用体系的完善和社会共同体的建设。

（二）发展方向

中国经济的快速发展在世界上是独一无二的。我们无法完全复制其他国家的制度和做法，很多情况下只能在借鉴他国经验的基础上，探索中国道路和中国方案。在积极应对人口老龄化、构建社会养老服务保障体系方面亦是如此。中国的人口老龄化与中国经济高速发展、计划生育政策、人口流动密切联系。如今的老年人大部分工作时间是在 20 世纪，养老金收入偏低、购买能力和购买意识不足；家庭空巢化、子女外出等情况较为普遍。同时，中国的地区、城乡经济发展水平和居民收入之间存在较大的不平衡，虽然老年人的子女数量减少、与子女居住距离增加、对社会养老服务的需求增加，但他们中很大一部分人仍然购买意愿较弱、购买能力不足。而且，中国老年人有“存钱防备不时之需和留给子女”的传统习惯，基于健康的考虑，有一定收入的老年人往往愿意购买专业性、技术性较强的具有一定治疗效果的康护保健类服务或用品。

因此，面对这种未富先老且地区、城乡、人口间存在不平衡、老年人购买养老服务存在能力限制和项目选择的现实养老国情，中国既不能走西方高福利保障道路，也不能将养老完全推向市场，而是应分类别、分阶段、渐进式地构建和完善具有中国特色的养老服务体系，补充家庭养老的弱化，以互助为主的、低成本的社区照顾体系和市场化的康护保健服务双轮驱动，发达地区和欠发达地区各有侧重，最后走向以互助为主的社区照顾体系和以市场服务为主的康护保健服务体系的共同发展。

互助养老探索的恰是如何实现传统与现代的传承，非正式与正式的结合，国家、社会与市场的合作，组织动员社会力量低成本地提供社区照顾类的养老服务[1]。其中国特色就体现在：一是与推动国家治理体系现代化，从管理型社会向服务型社会转变相适应，二是与国家积极应对人口老龄化战略相契合，三是与中国未富先老和低成本扩大养老服务供给的现实养老国情相符合，四是与传统家庭养老弱化以及激增的老年人福祉提高需求相协调，五是在借鉴国外先进经验的基础上，从中国现实国情和实际出发，实现传承与创新，在地方实践探索和制度创新中总结得到中国经验和中国模式。它是新时代中国积极应对人口老龄化战略的重要理论和实践组成。

互助养老的发展道路应该以互助文化为引领，以党政领导为根本，以低成本、广覆盖、多样化、可持续为目标，以资金互助为基础，以组织建设为抓手，以服务互助为重点，以社区居家养老为主要阵地，层级统筹，圈内执行，创新发展各类互助养老模式，着力形成稳定多元的资金来源，培育互助队伍，增加互助内容，从无偿到无偿与低偿、有偿相结合，探索建立标准规范的服务管理评估制度，机构养老与社区居家养老互联互通，最终建立圈层化、规范化、网络化、专业化的互助养老服务保障体系（如图 8—1 所示）。

具体而言，层级方面，从资金上，应当提高统筹层次，拓宽来源渠道。

从管理上，应当依据各地情况，探索建立或依托原有的自上而下的行政型互助组织开展互助服务。发展连锁化、圈层化的民间社会组织，探索民间社会组织与国有企业、行政型互助组织的合作。

圈属方面，从组织上，应当以有效治理为目的，发挥各自优势，实现村居自治组织、内部社会组织、外部社会组织的合作。

从服务上，服务内容应当从文化娱乐——吃——生活照顾——简单护理保健，服务对象应当从高龄、贫困的空巢、独居、留守老人——逐步覆盖失能半失能老人——全体老年人，服务人员应当从以老年人为主——以 45 岁及以上准老年人为主——全民参与。

从评估上，应当从一方评估转向多方评估，从纸质档案、电话回访到互联网评估，应当通过评估有效监督和杜绝腐败，避免形成新的利益集团。

1　笔者认为，如何动员社会力量、构建党政领导下的社会共同体是中国未来需要解决的最紧迫问题之一。

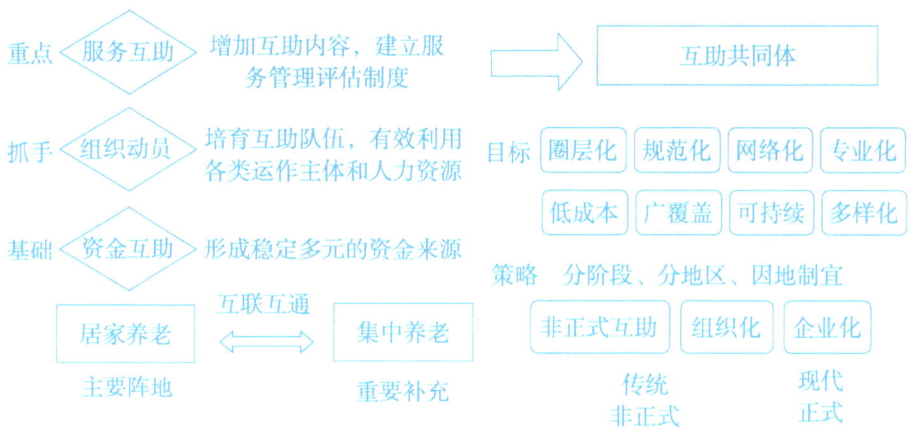

图 8–1　中国互助养老的发展道路

二、问题与对策建议

任何养老方式的提出到完善都需经历时间的检验。互助养老这种社会养老方式已在多地实施，同样，各地在实施过程中存在着诸多问题，有着改进和完善的空间。故在此总结现在互助养老实践中存在的问题，并对其提出对策建议，以期推动互助养老的发展与完善。

（一）存在的问题

互助养老现存在的问题主要如下。

1. 资金可持续性不足

首先，从外源性资金来看，政府资金不确定性较大，缺乏法律和公众的有效监督。一是目前互助养老的资金主要来自政府拨款、企业和社会捐助，仍以政府救助性福利拨款为主。政府在进行适度普惠的社区养老服务中心、日间照料中心、托老所等养老设施建设的同时，没有培育市场 / 社会进行互助型、低成本的养老服务供给，导致政府建成的设施除供老年人娱乐使用，就是为获得政府救助性福利服务的老年人使用，偏离了发展社会养老服务的刺激消费、提高全体老年人养老福祉的意愿。二是除少数基层政府及街乡相关机构认识到互助养老重要性，同时在城乡地区开展留守老人关爱服务体系建设，提供了一定的资金支持，其他的政府对互助养老专项补贴力度非常小。三是一些地方政府在没有经过充分论证和试点的情况下，大范围推广互助幸福院模式，虽然有一些成功，但比例很小，造成了资金的巨大浪费。

其次，从内生性资金来看，居民资金互助意愿没有激发，组织自我造血能力不足。内生资金是最具有可持续性的，但是与互助养老外源资金相比，内生资金更加匮乏。一是直接来自本村（居）居民的资金较少，这与村居资金监督管理机制（信用体系）不健全，村居自治和法治精神缺乏密切相关。二是企业办的社区养老服务机构参与互助养老较少，没有充分利用互助资源进行社区照顾的市场化运行。三是草根社工组织虽然是社区互助养老运营的关键力量，但是受资金和能力的限制，没有将增值的市场化服务、产品销售与互助网络结合起来，导致造血能力不足。

2. 组织主体联动性不足

从城市角度来讲，社区、社区互助组织与社会组织（企业）没有形成优势互补、互动不足。如前文所述，某些做得好的社区居委会或者老年协会，组建了社区互助队伍，或多或少地开展了一些文化娱乐、过节慰问、日常帮助的活动。但同时基层社区行政事务缠身，很难抽出精力和时间去运营互助养老服务。老年协会是运营互助养老比较好的组织，但是受到年龄、思维、电子科技产品应用等的限制，需要专业的组织和人员帮助其建立有效可持续的运行机制。而近年来快速发展的社区养老企业恰好有专业人员，但是他们缺乏稳定的顾客群体。尤其是很多社区养老服务机构不重视与社区组织及人员的合作和对社区内部的社会互助资源的利用，高成本地为老年人提供各类家政服务，盈利困难。另外，企业与社区、社区内部组织脱节，信任机制的再造增加了社区照顾服务的服务成本，也一定程度上造成了公共资源的浪费。

从农村角度来讲，村级社会组织是本体，社工是辅助。村级社会组织的条件与能力仍存在较大局限，缺少上级领导与专业社工力量的帮助。专业社工具有社区营造、组织动员、互助开展等方面的专业知识与技能。但是，专业社工组织还是要与村内部组织进行良性互动，融入和借助已有村级治理模式，才能发挥更好的作用。一刀切式地交给专业社会组织也未必会取得好的效果。

3. 互助服务规范性不足

目前在大多数城乡地区，互助服务一般被定位为：活跃老年人精神文化生活、临时帮助和和谐村居关系。然而，首先，互助不同于志愿，互助服务的内容和意义远不止精神慰藉层面，家务类的社区照顾服务同样可以通过互助服务提供。之所以将其界定为非正式，还是延续西方辅助、补充地位的思路，没有认识到中国特色的党委领导、政府负责下的互助组织和互助服务的基础性地位。其次，互助养老关键在于互助组织和互助志愿服务队伍的建立，企业、社区、非营利组织、社区互助组织均可以运行。互助养老并非免费，可以是有偿（低偿）的，只要制定合理的被组织成员接受的服务等级和定价标准，互助服务与市场服务一样可以有序进行。事实上，笔者认为，上海自 21 世纪以来发展的街道成立养老服务社，利用 4050 人员开展居家养老服务（非长期护理服务）即是互助服务的思路。最后，互助服务供需不匹配。在一些条件不成熟的地区支持建设提供适度普惠性服务（需要低偿或有偿获得）的养老驿站 / 居家社区养老服务中心，提供助餐、日间照料（实际没有开展）等服务，但是，一方面，村集体经济实力不足，运营方是村“两委”、老年协会或者社工组织，缺乏专业化技能和市场经营经验；另一方面，村庄老年人没有消费能力且对社区养老认识不足，导致亏损严重。而真正需要帮助的失能、半失能、高龄、独居老人的照料需求难以满足。

4. 评估监管机制缺乏

由于互助养老的执行过程多样，且依靠情谊、志愿、慈善、公益精神，故服务质量评估、投入产出效益评估是难点和重点。尤其是农村地区居住分散，培训和管理服务人员、评价服务质量相对困难。

5. 一些互助养老形式面临合法性困境

首先，一些自发性、群众性的互助组织和互助养老形式，如老年人互助会、抱团养老等，有些由于或身份敏感，或由民间自发成立，没有获得政府行政审批成立。缺乏相关法律法规和政策支持，有的集中养老的形式，政府没有给予建设、床位补贴、水电优惠等。

其次，一些地区先试先行，比如吉林松原在农村老年协会规范化建立——组织互助志愿者队伍进行互助服务——托老所建设上一直走在全国前列，但是在其建设和运行过程中，会出现民政管辖范围以外的合法性问题。因为它的建设和运行不仅受到民政局的单独管理，还存在与国土、公安和消防等领域交叉的模糊领域，超出了民政局的管辖范围，因此该机构也面临着合法性的危险（如土地占用和房屋性质等国土方面问题、公安和消防方面是否到位等问题），需要政府相关方面完善政策框架，建立多部门联动机制，明确责任单位并解决好最初决策时未考虑到的新问题。

（二）对策建议

互助是一种理念，也是一种思维和行为方式，或者说是一种文化形态，在社会效用和民间美德的交汇融合之中，广泛存在于传统的中国乡土社会。当互助理念成为一个范围内的文化形态时，“人”的共同体组织起来就变得容易很多。故在城镇化、城乡一体化与乡村振兴过程中，政府应当借助各类媒介对互助文化进行广泛宣传，提高城乡居民的互助合作意识和共同体意识，因地制宜地激发城乡社区凝聚力和内生活力，在“人”的共同体的基础上进行经济的合作，在党委领导、政府负责和依法治理的前提下，构建具有中国特色的团结、和谐、文明、有序的互助养老共同体。针对互助养老的进一步发展，提出相关对策建议如下。

一是明确互助养老的福利 + 公益属性。

互助养老是对家庭养老的补充，与家庭养老一道构建基础性的养老服务保障网络。这是党委领导下的政府主导，政府、社会、企业（企业社会责任）、家庭合作的模式，是福利 + 公益属性的，不同于市场化的服务，从救助性逐步向适度普惠性扩展。与此同时，从生活照顾服务和康护保健服务两个体系的角度来看，与市场化的养老服务相比，互助养老在生活照顾服务体系中是主要的，在康护保健服务中是补充的。各级政府应在明确思路的前提下，设计与本地具体情况相符合的互助养老服务供给路径。如先由政府或政府主导构建起面向弱势群体的救助性的圈层化的互助服务供给体系（主要是日常巡视和生活照顾服务），再根据不同村居情况，寻找有条件的村居扩展互助型的助餐、文化娱乐，面向有生活照护需求的老年人的生活照护服务。①依托原有治理主体，如社区居委会 / 村“两委”、物业公司、老年协会、村民小组、妇女组织、义工组织等建立互助组织。②开展各项文化娱乐活动。③进一步地成立志愿者队伍，同时连接内外部资源，为失能、半失能、高龄独居老年人提供生活照护服务。④与此同时，在有条件的农村成立养老驿站（服务机构）、开办老年食堂，整合现有资源，满足老年人照护、就餐等救助性和适度普惠性的养老需求等[1]。

总体而言，与美国、英国、德国、日本等发达国家不同，在未富先老的现实养老国情下，我国很多老年人只是身体不健康或者独居/空巢、精神孤独、生病时需要照顾。同时他们的思想意识和支付能力也影响了他们购买服务的行为。在这种情况下，他们更需要社区照顾服务体系的支持和帮助。尤其在农村地区，欠发达农村先发展互助的、基础的、低成本的社区照顾服务。对于技术性和专业性相对较低的康复护理服务，在老年人购买能力不足的情况下，也可以利用互助的形式，通过相对低成本、低价格来提供。发达农村和城镇地区可以同时发展专业型、技术型的康护保健服务。进一步地，根据我国经济社会发展、老年人的购买意识和支付能力的提高，逐步提高社区照顾服务和康护保健服务的专业化、标准化以及市场化水平。

二是注意社会资金的统筹层次，保持资金可持续性。

从提高资金可持续性的角度来讲，有向上和向下两种渠道。向上是指将救助型和适度普惠型福利转变为相互保险的形式。具体而言，可以将个人交纳、社区（村级）补贴、社会资金以及政府转移支付资金汇聚到县（市）级甚至省级层面，变成基金或者保险的形式，如老年人照顾保险、意外伤害险等，在老年人通过评估需要短期照顾时，以购买餐食、生活照顾、陪同就医等打包服务的形式给予服务机构互助服务补贴，上门服务。遭受意外伤害时，进行上门理赔。与此同时，由于这些基金或者保险的互助性质，理想的运营机构是党政领导下的不以营利为目的的互助社团（包括国有企业或老年协会等行政性社会组织），由此也可以衍生出由该互助社团运营的相关村居养老机构、驿站和社会组织，提供各类服务[2]。西方国家的互助

1　开展老年人生活照护服务与就餐服务可以同时进行，也可根据当地政策和实际情况调整顺序。

2　西方国家的互助保险一般由民间社会组织运行，规模相对较小，但是中国作为社会主义国家，有着强制全体公民为老年储蓄和帮助老年公民理财投资的任务，在互联网+时代，是否可以探索成立由政府进行信用担保，国家社会组织（如中国老龄协会）负责运营的多方资金来源的互助养老基金会、相互保险等，亟待探讨和探索。

保险一般由民间社会组织运行，规模相对较小，但是中国作为社会主义国家，有着强制全体公民为老年储蓄和帮助老年公民理财投资的任务，在互联网＋时代，是否可以探索由政府进行信用担保，行政型互助组织（如中国老龄协会）负责运营的多方资金来源的村（居）互助养老合作社、互助养老基金会，逐步提高资金统筹层次，试点建立村（居）、镇、县、市、省多圈层统筹的个人老年账户和互助照顾保险等，亟待探讨和探索。

向下是指通过服务＋生活＋供销一体化经营的形式构建社区基金会/合作社的形式。可以发挥村（居）一级的能动作用，联合政府、城乡社会资金以及村集体（社区）资金，通过资金互助、服务互助、生活互助、供销互助合作等形式，低成本地生产、生活和供销，尝试发展乡村内置金融和社区基金会，进行互助、投资和发展，在提高村（居）居民福利服务水平的同时，扩大村（居）民消费，降低村（居）民的隐性失业率，促进村（居）的综合治理和和谐稳定发展。社会互助是对家庭互助的补充，也是对家庭互助的监督和促进，伴随经济发展、居民收入水平的提升以及亲子代同住比例减少、居住距离增加，应当鼓励家庭共同捐资，购买互助服务，以履行家庭赡养的义务。

三是利用村（居）自组织联合外来组织/企业进行互助服务。

从城市角度来看，一是社区居委会或者物业公司必须担负起组织发动的责任和建立信用机制，与社会组织/企业联动合作，引进专业性的社会力量和市场力量，培训骨干队伍，建立互助机制；提高本土互助组织的专业化和规范性水平；探索在组织文化娱乐活动的基础上，加入低成本、低偿的家务、探视等服务互助内容。在本土互助组织运行机制理顺、成熟之后，可以探索民间社会组织的有效（部分）退出机制。二是可以将互联网时间银行作为基础性的居家社区照顾的组织形式和工作机制，纳入互助型居家社区照顾的运行之中。三是在逐步理顺机制的过程中，也应当在合理估算成本的基础上，探索互助养老的造血（营利）机制，老年人缴费的无偿、低偿、有偿相结合的运作模式，维持其可持续运行。社会企业，尤其是目前大力进军社区养老服务领域的国有企业，应当充分重视互助养老的重要作用，在承担社会责任的同时，可以利用互助养老进行广泛动员、增加顾客黏性，还可以利用互助养老的变形进行市场化运营，如共享保姆、抱团养老，还可以用社区老年人做站长、联络员等，一举多得。

从农村角度来看，农村居家社区养老的组织和服务供给的主体不是外来社会企业 / 组织，而是内生于乡村非正式关系网络中的乡村互助组织，应当充分发挥互助组织的凝聚力、向心力和低成本的作用。因此，应当依托本村治理格局和治理优势，抓农村互助组织建设、充实群众基础，包括老年协会、村民小组、妇女组织、社会组织联合会等，形成一套组织班子和组织机制，一支愿意参与自我管理、自我服务、乡村治理的志愿者和带动者队伍，一群愿意参与到集体生活中来的村庄居民。事实上，新中国成立，尤其是改革开放以来，我国已经从政府层面自上而下建立了各类党政领导的行政型互助组织（村民自治组织和群团组织），具有层级管理体制机制，到基层也有切实的组织群体，这是具有中国特色的，也是符合中国老百姓对于政党和政府信任的情感特点的。目前农村居家社区养老发展得好的地区亦是这类行政型互助组织的管理体系、规章制度相对较为成熟的地区，如全国老龄办管理的老年协会、五老会，中国慈善总会管理的义工组织，全国妇联管理的妇女组织等。在这些组织中，尤其应当确立老年协会作为生发于民间的农村老年人组织的地位，给予老年协会经费支持和规范化、标准化建立指导，依托其进行各类农村老年人服务和村治服务的供给。另外，应当充分发挥社会的能动力量，朋友、亲邻等抱团养老、共享养老的自组织形式亦值得探索和支持。

四是增加多种类型、对接社会需求的互助服务项目。

互助养老是社会养老服务的实现方式，其目的是要通过互助的形式满足老年人生活照料和精神慰藉的需求，主要是食，住，精神慰藉，家务型的生活帮助、照顾，还包括一些经济欠发达地区的中重度失能老人的生活照料。因此，一是以社区 / 村居和小区 / 村民小组为单位，成立各类本土文化娱乐队伍，一方面，缓解老年人精神孤独、活跃社区 / 乡村文化，另一方面，为更进一步的服务互助打牢组织基础和人员基础。二是以某个或几个社区 / 村居为单位，培训一支以兼职 / 志愿和有偿 / 无偿相结合的互助服务队伍，通过社区 / 村民会议或社会组织会议讨论决定健康档案管理、日常巡访、卫生清洁、做饭、生活护理、医疗保健等分级分类服务、计费和评估制度，为独居、失独、失能老年人提供居家照料服务。充分利用互联网优势，发动城乡非正式互助网络和专业志愿者，保持互助服务队伍的接续和稳定。三是撤并居家养老服务中心的老年餐桌、日间照料室，选择一些经营好的老年餐桌实行规模化经营，建立互助送餐点。四是轻度和中度失能老年人可以依靠家庭和社会互助照料服务，但是对于重度失能老年人，在没有家庭成员照料的情况下，最好的选择是集中养老。物业公司和社区居委会/村“两委”和本土社会组织应对这类老年人进行调查建档。五是建立互助养老的内部和外部评估机制，让有条件和有基础的地区的互助养老服务逐步走向规范化、标准化，并且可以促进其专业化程度的提高。

五是探索对非正式互助网络、志愿者的动员培训进行分级分类管理。

从长远的角度来看，伴随人口老龄化和高龄化，互助养老服务应当从简单的巡视服务逐步走向分级、分类的复杂的以生活照护为主的服务，从仅面向困难群体转向面向全体有需要的老年人。故应当在有条件的地区，探索对非正式互助网络、志愿者进行分级分类管理培训。因此，一是应当作为适度普惠和老年人教育的一项重要内容，将互助养老服务基本知识和技能培训列入政府购买社区服务/社区社会工作项目之一，既帮助（准）老年人预防失能、促进康复、提升生存质量，又为有意愿帮助他人的人提供培训。二是制订培训方案，对愿意为老年人提供服务的所有人员进行互助养老培训，如老年心理特点、生理特点、常见健康问题、慢性病以及与这些相关的心理健康服务、身体健康促进服务等，在进行初级培训之后，选拔有意愿且能力较好的志愿者进行专门的中级培训，如日常保健技术、清洁照护技术等，通过中级培训者，并且有意愿继续学习的，进行专门的高级培训，如应急救护技术、体位移动技术、饮食与排泄照护技术、协助治疗和协助康复技术等，并由培训机构组织考核，考核通过的颁发互助养老服务培训初级证书、中级证书。三是明确服务价格。利用时间银行或者志愿者信息管理系统，分级、分类地帮助互助双方匹配对象和服务价格，进行无偿或者低偿服务。

六是建立可供参考的互助养老服务管理评估制度。

从服务的角度来讲，互助养老以互助形式为主，依靠情谊、志愿、慈善、公益精神，利用非正式互助网络和志愿者/义工队伍。不同村居的情况差别较大，执行过程多样，故服务质量评估、投入产出效益评估是难点和重点。尤其是农村地区居住分散，培训和管理服务人员、评价服务质量相对困难。故应当从政府层面提出可供参考的社会组织/企业、互助组织和志愿者团队规范化管理制度，通过评级评优以奖代补，从一方评估转向多方评估，从设施评估转向服务评估，从纸质档案、电话回访到互联网评估，应当通过评估有效监督和杜绝腐败，避免形成新的利益集团。

七是重视民间互助组织和互助养老的规范有序发展。

基于社会内生需求和自发创新，近年来民间成立了很多互助或者志愿性质的互助组织/义工组织/志愿者组织，有不少没有在民政部门登记注册，尤其是一些互助养老组织，如老年人共同娱乐的互助会、很多地区广泛存在但缺乏明确定位的老年协会、老年人自发组团住在一起的抱团养老等，这些形式虽然起到了满足老年人社会交往、互帮互助的需求，并且以组织的形式提高了老年人社会地位，但也存在包括老年人人身安全、财产安全在内的很多安全隐患，以及因地位不明而带来的很多优惠政策无法享受的问题。有鉴于此，政府应尽快重视未登记的小规模的民间组织形式，出台相关政策规范互助组织和互助养老的有序发展，如以以奖代补的形式鼓励他们到民政部门登记注册或者备案，通过政府购买服务的方式帮助他们可持续发展，或者通过成立互助组织联合会的形式将这些小型组织都放到联合会的管理范畴之中，对于愿意承接政府购买服务的进行统一培训，同时切实帮助这些互助组织解决一些发展中遇到的难题。

八是弘扬和培育互助养老文化理念。

互助型社会养老的核心在于互助，互助是一种理念，也是一种思维和行为方式，或者说是一种文化形态。它不等同于一般意义上的公益或慈善行为，而是在社会效用和民间美德的交汇融合之中，广泛地存在于传统的中国乡土社会。当这一理念成为一个范围内的文化形态时，组织起来就变得容易很多。这也是我国城乡社区互助型社会养老发展起来的原因。故而，应当以互助文化补充孝道文化在中国传统养老文化中的主导地位，让互助和孝道共同成为新时代养老文化新的逻辑主导。以社会互助补充家庭互助，以社会交换补充代际交换，以社会保障补充家庭保障。同时以社会互助/保障/交换为助力，推动家庭互助/保障/交换的复兴，构建团结、和谐、文明有序的互助型老龄社区和互助型老龄社会。

后 记

2020年11月，《中共中央关于制定国民经济和社会发展第十四个五年规划和二〇三五年远景目标的建议》提出要实施积极应对人口老龄化国家战略，发展普惠型养老服务和互助性养老。互助养老上升到了国家积极应对人口老龄化战略层面，这也意味着社会养老的互助合作化部分得到了战略性认可。回头来看，我从事互助养老和互助社会研究已经超过6年时间，怀揣着对中国特色社会建设和老龄事业发展的美好愿景，虽然经常因为理论储备不足而踯躅，但也坚持尝试构建具有中国特色的互助理论话语体系，研究和倡导发展多类型、多层次的互助养老组织，推动企业经营社群，提供互助养老保障及服务，并到各地进行调研来支撑和修正这一理论。2018和2019年分别得到了国家社科基金和教育部后期资助项目的资助，出版和即将出版《互助型社会养老：乡土模式的理论与实践》（社科文献出版社，2020）《互助型社会养老：模式考察与理论研究》（高等教育出版社，2021）两本书，这次有幸收到华龄出版社的稿约，《互助养老》一书可以付梓出版，在此对华龄出版社表示真挚感谢。

《互助养老》这本书并非鸿篇巨制或理论文献，撰写初衷是向政府工作人员、实践工作者、居民百姓普及互助养老的理念、概念、模式和知识，让大家了解互助养老并非泛泛的老年人之间的相互帮助，而是通过组织化的形式为老年人提供互助保障及服务，同时逐步让广大中国老年人有序参与到组织和社会中。在对国际经验的介绍中，我们也可以发现，其他国家亦在发展各种形式的互助养老，时间要比中国早，但笔者在文中也提到，这些国家的发展主要以自下而上的自发行为为主，国家的主导和发动能力不足。而中国的独特优势即在于：中国具有国家领导下的圈层化的实在组织架构，也正是这一优势，让我们有信心中国未来可以逐步实现老年人组织的遍地开花，让面对空巢化、独居化的老年人拥有可以期待的安全、信任、保障、服务的美好晚年，也为21世纪的老龄化世界提供积极应对人口老龄化的中国模式和中国方案。这既符合老年人心理特点，并且可以减轻国家保障压力，是可以向世界进行推广的。

本书全文约13万字，共分为8章，第一章对互助养老背景进行了概述，第二章阐释了互助共同体理论，第三、第四章分析中国农村互助养老实践，第五、第六章着重介绍了中国特色时间银行和民间抱团养老实践，第七章展示了互助养老的国际实践与经验，第八章为互助养老的时代价值与对策建议。其中的案例素材主要源自于2014—2020年间我们团队在各地调研收集的资料，还有一部分来自于新闻媒体。在此感谢华北电力大学人文与社会科学学院的本科生和研究生在帮助进行文稿整理中付出的认真努力，他们是朱茜茜、刘笑菲、林通、任逸非、房罗鑫、龙云飞、李相宜、汪苏、赵晨昕、邱文瑾。除以上同学之外，感谢参与调研和案例撰写的何浩天、李蔓、王锦莹、林志鸿、刘钊伟、王珺、孙艺珂，感谢我的同事呼占平老师参与调研与学生指导。最后，也再次感谢全国老龄办（中国老龄协会）各级领导的支持和帮助，互助养老研究一直得到全国老龄办（中国老龄协会）的大力支持与持续指导，通过委托课题联系调研，我们才有机会从零星调研转向系统研究。感谢被调研地老龄和民政部门，以及有关社会组织对调研的支持和帮助。感谢华北电力大学的领导、老师的指导与帮助，感谢我的家人，感谢我的导航和港湾。

写于华北电力大学

2020年12月20日

参考文献

[1] 张宇燕 . 世界经济黄皮书：2019 年世界经济形势分析与预测 [M]. 北京：社会科学文献出版社，2018.

[2] 裴长洪，刘斌 . 中国经济应对当前全球两大挑战的韧性、潜力与长期趋势 [J]. 经济纵横，2020（5）：1–19.

[3] 张志旻，赵世奎，任之光，等 . 共同体的界定、内涵及其生成——共同体研究综述 [J]. 科学学与科学技术管理，2010（10）：14–20.

[4] 齐格蒙特 · 鲍曼 . 共同体 [M] . 欧阳景根译 . 南京：江苏人民出版社，2003.

[5] 李荣山 . 共同体的命运——从赫尔德到当代的变局 [J]. 社会学研究，2015（1）：215–241.

[6] 李慧凤，蔡旭昶 . “共同体” 概念的演变、应用与公民社会 [J]. 学术月刊，2010（6）：21–27.

[7] 黄宗智 . 国家与村社的二元合一治理：华北与江南地区的百年回顾与展望 [J]. 开放时代，2019（2）：20–35.

[8] 毛丹 . 村庄的大转型 [J]. 浙江社会科学，2008（10）：2–13.

[9] 马新 . 试论中国古代农民的群体性特质 [J]. 文史哲，2019（6）：55–56.

[10] 贺雪峰 . 改革开放以来国家与农民关系的变迁 [J]. 南京农业大学学报（社会科学版），2018（6）：16–21.

[11] 张莉 . 一个华北乡村生活的巨变——读杨懋春先生《一个中国村庄——山东台头》[J]. 中国农业大学学报（社会科学版），2007（1）：197–199.

[12] 许烺光 . 宗族、种姓与社团 [M]. 黄光国译 . 台北：南天书局，2002.

[13] 叶小文 . 人类命运共同体的文化共识 [J]. 新疆师范大学学报：哲学社会科学版，2016（3）：1-5.

[14] 张继龙 . 国内学界关于人类命运共同体思想研究述评 [J]. 社会主义研究，2016（6）：165-172.

[15] 张领 . 流动的共同体：新生代农民工、村庄发展与变迁 [M]. 北京：中国社会科学出版社，2016.

[16] 张彩华，熊春文 . 美国农村社区互助养老“村庄”模式的发展及启示 [J]. 探索，2015（6）：132-137

[17] 姚栋，袁正，李凌枫 . 促进代际融合的社区公共服务设施——德国“多代屋”的经验 [J]. 城市建筑，2018（34）：31-34.

[18] 金华宝 . 发达国家互助养老的典型模式与经验借鉴 [J]. 山东社会科学，2019（2）：52-58.

[19] 乔琦，蔡永洁 . 非血缘关系的多代居——德国新型社会互助养老模式案例及启示 [J]. 建筑学报，2014（2）：17-21.

[20] 刘苹苹 . 建立宜居社区与“多代屋”——中国应对人口老龄化问题的路径选择 [J]. 人口学刊，2013（6）：47-53.

[21] 程鑫，房志勇 . 德国“多代屋”对我国城市养老和发展模式的启示 [J]. 城市住宅，2015（5）：47-50.

[22] 费孝通 . 社会学的探索 [M]. 天津：天津人民出版社，1985.

[23] 费孝通 . 乡土中国 [M]. 上海：上海世纪出版集团，2007.

[24] 格鲁·泡特金 . 互助论：进化的一个要素 [M]. 李平沤译 . 北京：商务印书馆，2009.

[25] 金耀基 . 中国社会与文化 [M]. 牛津：牛津大学出版社，1992.

[26] 劳动和社会保障部社会保险研究所 . 贝弗里奇报告——社会保险和相关服务 [M]. 北京：劳动社会保障出版社，2004.

[27] 李大钊 . 李大钊全集 [M]. 北京：人民出版社，2006.

[28] 陆绯云 . 苏南农村的社会支持与社会保障体系——历史与现状 [M]. 上海：上海三联书店，2011.

[29] 刘妮娜 . 互助与合作：中国农村互助型社会养老模式研究 [J]. 人口

研究，2017（4）.

[30] 刘妮娜 . 互助型社会养老：乡土模式的理论与实践 [M]. 北京：社会科学文献出版社，2020.

[31] 斐迪南 · 滕尼斯 . 共同体与社会 [M]. 北京：商务印书馆，1999.

[32]Andrew Scharlach, Carrie Graham, and Amanda Lehning. The “Village” Model: A Consumer-Driven Approach for Aging in Place[J]. The Gerontologist, 2012(3)：418-427.

[33]Seyfang, Gill. Harnessing the Potential of the Social Economy? Time Banks and UK Public Policy[J]. International Journal of Sociology & Social Policy, 2006(10)：430-443.

[34]Seyfang Gill. Growing Cohesive Communities One Favour at a Time: Social Exclusion, Active Citizenship and Time Banks[J]. International Journal of Urban & Regional Research, 2003(3)：699-706.

[35] 美国村庄官方网站 https://www.vtvnetwork.org/

[36] 美国长者计划官方网站 https://www.elderplan.org/

[37] 英国公平份额时间银行官方网站 https://www.fairshares.org.uk/

[38] 英国莱西格林时间银行官方网站 https://www.rgtb.org.uk/

[39] 于秋芳 . 现代日本农协的发展变迁研究 [M]. 安徽：安徽师范大学出版社，2012.

[40] 刘多田 . 日本农协的保险事业 [J]. 合作经济与科技，2002(2)：30-31.

[41] 于秋芳，衣保中 . 日本农协的高龄者福利事业及其作用 [J]. 中国农史，2014(1)：105-112.

[42] 日本农协官方网站 https://www.jacom.or.jp